GUÍA DE VISITA

PALACIO REAL
DE MADRID

José Luis Sancho

PRESENTACIÓN

Patrimonio Nacional es el organismo que administra los bienes del Estado al servicio de la Corona para realizar las funciones de representación que la Constitución y las Leyes le encomiendan.

Se trata de un conjunto de Palacios, y de Monasterios y Conventos de fundación real, de la mayor importancia histórica, artística y cultural, por encima de la cual destaca su *valor simbólico*. Los Palacios Reales de Madrid, El Pardo, Aranjuez, San Ildefonso y La Almudaina son edificios con el uso residencial y representativo para el que fueron construidos siglos atrás. En ellos ejerce Su Majestad el Rey sus funciones solemnes como Jefe del Estado, particularmente en el de Madrid, donde el *valor simbólico* alcanza su plenitud en cuanto residencia oficial de la Corona.

Compatibles con aquellas funciones, los edificios y bienes de otra naturaleza que integran Patrimonio Nacional tienen una definida vocación cultural que se proyecta a través de su apertura al estudio y a la investigación, y la visita pública.

Tanto los edificios como las colecciones reales españolas (compuestas de 27 epígrafes temáticos diferentes, desde abanicos a herramientas, pasando por plata, pintura, tapices, mobiliario, instrumentos musicales, relojes, etc.) se distinguen por características que hacen de Patrimonio Nacional una institución cultural única en el mundo: la *particularidad de uso*, ya que su utilidad representativa para la Corona sigue vigente; la *autenticidad histórica,* ya que son piezas encargadas, adquiridas o regaladas en su momento, para ese lugar; la *originalidad,* marcada por la ausencia de réplicas e imitaciones; y su *extraordinario valor* artístico, histórico y simbólico.

La comprensión de estas características permite al visitante percibir que Patrimonio Nacional es mucho más que un museo.

Los Palacios Reales españoles se encuentran rodeados de espacios verdes, que en la actualidad miden aproximadamente 20.500 hectáreas; unas 500 corresponden a huertas y jardines, y 20.000 a masa forestal. Se reparte ésta entre El Pardo, La Herrería y Riofrío, y parcialmente es visitable por el público. Su importancia ecológica dentro del biotipo *bosque mediterráneo* (el mayoritario) es notoria, y no desmerece en su ámbito con la de los monumentos en torno a los cuales se encuentran.

Los Reales Monasterios y Conventos de fundación real están atendidos desde su creación por las mismas órdenes religiosas, excepto San Lorenzo de El Escorial que como consecuencia de las desamortizaciones del siglo XIX pasó de la Orden jerónima a la de San Agustín. Tienen una importancia especial en la historia de España pues su origen se debe a patronazgos particulares de los Reyes.

Además de su finalidad cultural, el propósito de la visita pública es contribuir a que cada español capte el valor simbólico de lo visitado, se identifique con él y sienta ser legatario del inmenso tesoro histórico y artístico que constituyen los bienes que componen Patrimonio Nacional.

Reunidos a lo largo de los siglos por la Corona, su influencia en la identidad cultural de España ha sido, y es, decisiva.

Palacio Real de Madrid
Bailén, s/n
28071 MADRID
Tel. 91 454 87 00

Depósito Legal: M-14346-1999
I.S.B.N. 84-7120-248-4
N.I.P.O. 006-99-015-2

Coordinación: Aldeasa
Maquetación: Myriam López Consalvi
Fotografías: Patrimonio Nacional, Felix Lorrio, Ramón Guerra, Antonio Sanz, Gerardo Romera
Fotomecánica: Lucam

Ilustración de cubierta: *Vista de la fachada principal del Palacio Real de Madrid*, de la Colección Litográfica de Vistas de los Sitios Reales, por Fernando Brambilla, 1832

Impresión: Estudios Gráficos Europeos, S.A.- Madrid

Impreso en España, *Printed in Spain*

Marzo 1999

ÍNDICE

INTRODUCCIÓN

DE ALCÁZAR A PALACIO

El Palacio Real se alza en el lugar donde estuvo el Alcázar de Madrid, "castillo famoso" construido a finales del siglo IX, durante el emirato cordobés de Mohamed I, como punto clave para la defensa de estos territorios situados al norte de Toledo.

La fortaleza, reedificada en el siglo XIV, adquirió el carácter de residencia regia con las obras realizadas por Juan II, entre las que sobresalían la capilla, consagrada en 1434, y la gran "sala rica". Fue ya en el siglo XVI cuando Carlos V y Felipe II lo reconstruyeron como Palacio Real, de modo que desde 1561 el Alcázar pasó a ser la residencia estable de los Reyes, y la villa de Madrid, surgida al amparo de su castillo se convirtió en Corte de la Monarquía de España. Bajo Felipe IV, el Palacio alcanzó su forma más característica: en el exterior, con la gran fachada diseñada por Francisco y Juan Gómez de Mora y G. B. Crescenci; en el interior, con la intervención de Diego Velázquez como arquitecto decorador y con el despliegue de obras maestras que hoy son joyas del Museo del Prado. Felipe V dejó también su huella en el Alcázar antes de que la mayor y mejor parte de su fábrica desapareciese en un incendio durante la Nochebuena de 1734.

El emplazamiento del Alcázar y su disposición, concebida alrededor de los edificios donde se albergaban las dependencias, condicionó de tal modo la forma del Palacio Real Nuevo y de su entorno que casi podemos decir que aún hoy sigue presente, pese a la desaparición de todo resto visible en el entorno.

Los Sitios Reales

Pero que Madrid, y en un sentido más preciso el Alcázar o Palacio Real, fuese la sede del poder no quiere decir que el Rey no habitase más que en este Palacio. Los cotos de caza cercanos a Madrid utilizados por los Trastámara –El Pardo, Valsaín–, el heredamiento de Aranjuez, incorporado a la Corona por los Reyes Católicos, el Monasterio de El Escorial, fundado por Felipe II, y otras posesiones que este mismo Monarca creó –entre las que destaca la vecina Casa de Campo, al otro lado del Manzanares–, constituyeron un sistema de "Sitios Reales" que quedó definido a la vez que la capital se establecía aquí, y que durante los tres siglos siguientes no hizo sino ampliarse y perfeccionarse con nuevos Sitios como el Buen Retiro o La Granja de San Ildefonso, creaciones de Felipe IV y de Felipe V respectivamente. El uso de estas residencias era estacional en función de su carácter y cualidades: en Aranjuez se pasaba la primavera, el verano en Valsaín –desde Felipe V en La Granja, muy cercana–, el otoño en El Escorial... Los Reyes vivían en Madrid desde finales de octubre hasta Semana

El Palacio en la ciudad.
"El Palacio ocupa uno de los pocos emplazamientos hermosos que permite la forma de la ciudad, pues está en una considerable eminencia que domina la parte menos carente de interés de la campiña..." ANÓNIMO: *Spain, Tangier, etc, visited in 1840 and 1841*. By X.Y.Z. Londres, 1845.

"Es un noble edificio de piedra blanca, que ocupa un lugar dominante y resulta muy imponente visto a distancia..." Louisa Mary Anne TENISON: *Castile and Andalucia*. Londres, 1853.

"Es ciertamente una de las más magníficas residencias reales del mundo, imponente por sí misma, y sorprendente debido a su situación al extremo de la parte más bella de la ciudad, en el borde de un gran desnivel..."
Augustus John Cuthbert HARE: Wanderings in Spain. Londres, 1873.

La fachada occidental de Palacio, hacia el río, desde el Parque o Campo del Moro.

El Alcázar en tiempo de Felipe II. Detalle de un cuadro por Alonso Sánchez Coello. Monasterio de las Descalzas Reales. Madrid.

Juvarra y su proyecto.
"Se dice que el ministro Campillo, para secundar sus objetivos políticos o económicos, o ambos a la vez, impidió que se llevase a cabo el gran proyecto de Don Filippo Juvarra, empresa que se considera capaz de vaciar hasta las arcas del Monarca de España. Ideas tan sumamente vastas acostumbraba sacar de su no menos vasta mente del señor don Felipe, a quien, trazadas en una hoja, le costaban desde luego menos de lo que les habían de suponer a otros levantadas en una plaza".
P. Norberto CAIMO (el Vago italiano): *voyage d'Espagne, fait en l'année 1755*. París, 1772-1773.

"Un modelo de este proyecto, en caoba, está expuesto en Madrid, y él sólo habrá costado lo que la casa que podría desear cualquier hombre normal. Tal Palacio hubiera albergado a la guardia real, los ministerios, tribunales y, en suma, todo lo referente a la maquinaria del Estado". Alexander Slidell MACKENZIE: *A year in Spain, by a young American*. Londres, 1831.

Detalle de la fachada principal del proyecto de Juvarra para el Palacio Real de Madrid. A. G. P.

Santa, pero con estancias prolongadas en el cazadero de invierno: El Pardo. Felipe V y, sobre todo, Carlos III llevaron a sus últimas consecuencias esta sistemática ausencia de la capital. Este criterio no siempre funcionó de un modo estricto, pero aunque estuviese sometido a excepciones, a novedades y a variaciones impuestas por el gusto de cada Monarca, lo cierto es que rigió durante tres siglos la vida de la Corte española, cuyo eje era el Palacio de Madrid.

El Palacio Real Nuevo

Apenas extinguidos los restos del incendio de aquella Nochebuena de 1734, Felipe V decidió levantar un Palacio Real nuevo en Madrid, y hacerlo en el mismo sitio en que se alzaba el antiguo, como un símbolo de la continuidad de la Monarquía. Quiso que toda su estructura fuese de bóveda, sin más madera que la de puertas y ventanas, con el fin de evitar nuevos incendios, y quizá también con el afán de identificar la solidez de la sede con la del poder: la inscripción en la primera piedra afirma que se construyó "para la eternidad". El Palacio tenía que dar cabida a todas las funciones de la Corte, una de las primeras de Europa entonces, en un momento además en que la idea del esplendor que debía rodear al poder regio alcanzaba sus cotas más altas.

La Arquitectura: proyectos y construcción

Felipe V quiso, también, que el arquitecto de su Palacio fuese el mejor y el más famoso de Europa, y escogió bien. A principios de 1735, fue llamado a Madrid el italiano Filippo Juvarra, quien rápidamente se dio cuenta de que el emplazamiento del Alcázar no era adecuado para una residencia tan grande y magnífica como la que se quería hacer, e ideó un proyecto vastísimo con desarrollo en horizontal, mucho más idóneo para un lugar llano. Pero Juvarra murió en marzo de 1736 y los Reyes, encantados con su estilo, decidieron llamar a un discípulo suyo para que se dedicase a construir el gran proyecto del maestro.

Vino así a Madrid el turinés G. B. Sacchetti, a quien se le encargó "adaptar" el diseño de Juvarra al solar del Palacio antiguo, cuestión sumamente difícil; pero él no tenía ni el prestigio ni la personalidad de Juvarra como para oponerse, y obedeció.

La forma definitiva del Palacio es producto de un proceso complejo, cuyos puntos fundamentales son: los planos de Juvarra; la adaptación de sus diseños, que en realidad es un proyecto completamente nuevo de Sacchetti, modificado, a su vez, en muchos aspectos durante su construcción; y las reformas que el Palacio de Sacchetti sufrió por obra de Sabatini, arquitecto de Carlos III.

El diseño arquitectónico del Palacio, en sus rasgos generales y en sus detalles, es característico del gusto barroco tardío clasicista de

Vista del Real Palacio por el lado de la Calle Nueva. *Fernando Brambilla.*

Vista del río con parte de Madrid y del Real Palacio. *Fernando Brambilla.*

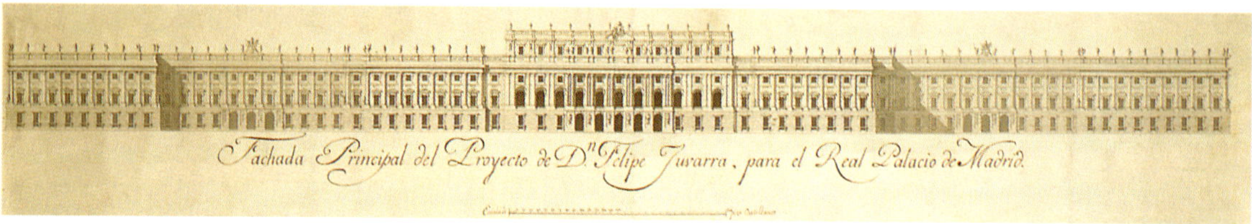

Proyecto para el Palacio Real de Madrid, fachada principal hacia la ciudad. Filippo Juvarra, 1735.

Juvarra, muy inspirado por Bernini, famoso artista romano y sigue las pautas del gran proyecto no realizado. Pero lo que en éste era horizontalidad hubo de convertirlo Sacchetti en verticalidad para que, ocupando el mismo solar del antiguo, el Palacio Nuevo fuese capaz de albergar a las personas reales, los cortesanos, los criados, los ministerios y las dependencias de servicio, de modo que el edificio tiene seis alturas donde menos, y ocho donde más: dos sótanos, que salvan el desnivel del terreno por el Oeste y el Norte, para los "oficios de casa y boca" y para las secretarías de despacho. Cuartos bajo y principal de verano e invierno, respecivamente, para las personas reales. Segundo piso para las damas y señores a su servicio. Y, por último, los entresuelos que hay sobre los pisos bajo, principal y segundo, para los criados.

Fachada principal. Detalle.

La planta general del edificio no varió desde el primer proyecto, fechado el 9 de marzo de 1737: cuadrada, con un solo patio principal, también cuadrado, en el centro y rodeado de galerías con arcadas. Las habitaciones principales están dispuestas en hilera a lo largo de las fachadas, las antecámaras y habitaciones secundarias dan al patio, y entre ambas crujías corren pasillos de servicio. Tres patios pequeños sirven para la iluminación de las habitaciones interiores de los ángulos. Algo del espíritu del Alcázar parece flotar en torno al Palacio Nuevo, pues su manifiesta solidez, los resaltos o "torres" en las esquinas, el escarpe de la parte inferior de sus muros, su elevación y su situación, le dan un aire de fortaleza.

Entre 1738 y 1747, sobre la marcha de las obras, Sacchetti introdujo en su proyecto algunas modificaciones a raíz de las críticas del secretario de la Reina, el marqués Annibale Scotti, y de algunos arquitectos ligados a la obra. En 1742, y por influjo de Scotti, dio mayor desarrollo a la escalera convirtiéndola en dos, gemelas y simétricas; y entre ellas dejó un salón para fiestas –el actual de Alabarderos– donde según sus primeras ideas había de estar la Capilla, que desde entonces quedó desplazada al lado Norte. De esta forma se conciliaban las reminiscencias del Alcázar, la obsesión de Sacchetti por la simetría y el afán ostentatorio de los Monarcas españoles, que en aquel momento deseaban espacios palaciegos de la mayor magnificencia posible.

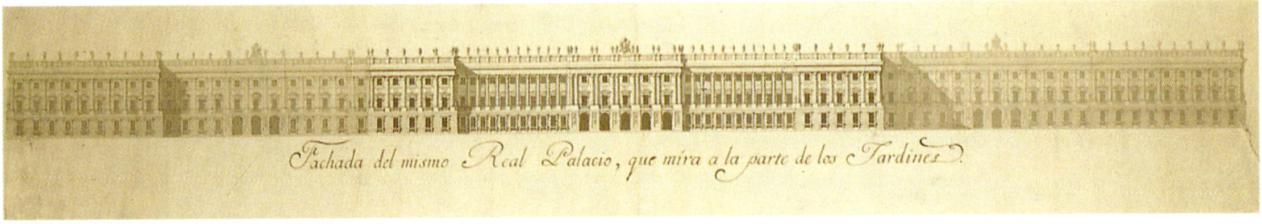

Proyecto para el Palacio Real de Madrid, fachada hacia los jardines. Filippo Juvarra, 1735.

Los habitantes del Palacio y los cambios decorativos

La distribución interior y la decoración son dos aspectos estrechamente unidos en una residencia, y suelen ir variando a la par en función de las necesidades y gustos de las generaciones de ocupantes que se van sucediendo. Cada reinado supone personas y gustos diferentes y, además, la idea de lo que debía ser la representación de la Majestad real fue evolucionando al compás de los cambios sociales y políticos: un abismo separa lo que significaba la persona del Rey en la

Fachada Este.

Sacchetti.
"El Real Palacio está siendo construido con gran magnificencia, y con gasto aún más grande Ya van gastados cinco millones de pesos y han llegado a trabajar cuatro mil obreros a la vez, aunque ahora no haya más de mil y se trabaje despacio... Sin embargo, no puede negarse que ésta es una mole soberbia, grandiosa y acompañada por todo lo que pueda hacerla bella, adornada, cómoda y suficientemente adecuada a la majestad de un Soberano. Para hacerla así el turinés Sacchetti ha dado de sí todo su talento, y más hubiera puesto si más tuviera; pero con todo no ha conseguido agradar a la mayor parte de los que tienen ojos. Entre estos los hay que no aprueban la abundancia de sótanos, los cuales, si no me equivoco, alcanzan el número de siete; los hay que creen sobreabundantísimos los once palmos, y más, que tienen de grosor los muros maestros, dado que no se trata de un fortín; quien no considera buena la escalera por áspera e incómoda; quien da en criticar los patios, quien las salas, las ventanas, o, finalmente, los crecidos gastos y la indolencia de los obreros; y a mi entender desde luego estos son los más dignos de censura.
Hasta mi lacayo, que por haberlo sido de un arquitecto se cree discípulo del tal, ha querido soltar su miserable opinión crítica. Me parece indudable que si hubiese ejecutado el magnífico modelo del abate Juvarra, cuyo modelo puede verse aún en el Retiro, tampoco le hubieran faltado correctores".
P. Norberto CAIMO: *Voyage d'Espagne, fait en l'année 1755... París, 1772.*

Monarquía Absoluta de lo que pasó a ser con el Liberalismo en el siglo XIX y de lo que es en una democracia parlamentaria.

Los planos, en la solapa posterior, explican por sí solos la distribución en cada reinado. Fernando VI no pensó en hijos que no tenía, y así su Cuarto y el de la Reina resultaban casi tan extensos como exigía la idea que de una residencia regia tenían sus contemporáneos. Por el contrario, Carlos II tuvo que hacer dividir salones y, con todo, el Palacio siempre le resultó pequeño, como a su hijo. A ojos de las generaciones sucesivas pareció cada vez más grande, hasta desmesurado, porque las ideas habían ido cambiando.

Las decoraciones ideadas bajo Fernando VI por Sacchetti, Giaquinto y otros artistas eran de estilo barroco tardío más bien recargado, pero se modificaron también con la llegada de Carlos III, que trajo consigo un gusto relativamente más sobrio y clasicista, cuyo artífice fue el siciliano Francisco Sabatini, discípulo y yerno del arquitecto del Palacio de Caserta, Luigi Vanvitelli. Sabatini dirigió todos los aspectos de la decoración interior de Palacio, salvo cuando la voluntad del Rey era encomendarla a otros –como en la Sala del Trono o en las habitaciones realizadas por Gasparini–, y lo hizo armonizando la dignidad del diseño con la riqueza de los materiales: los magníficos mármoles de las jambas y zócalos, todos españoles, de los que se llegó a reunir en Palacio un muestrario con más de trescientas clases; la caoba maciza de todas las puertas de paso, ventanas y contraventanas. A Sabatini y a su equipo se deben los diseños de los estucos, de la talla de los muebles y de los bronces decorativos –estos desaparecidos en su mayor parte–, ejecutados por una serie de maestros italianos y franceses escogidos y reclutados por él. Durante los casi cuarenta años de su actividad en Palacio, de 1760 a 1797, su gusto y el de sus patronos fue evolucionando desde el apego al rococó hacia las formas clasicistas.

Junto a Sabatini, el artista que marcó más profundamente la decoración del Palacio Nuevo fue el pintor Antón Rafael Mengs y no sólo por realizar aquí algunas de sus obras maestras, sino porque la alta estima en que le tenía el Rey le convirtió en un dictador artístico, que para decorar el resto de las bóvedas escogió libremente a pintores españoles jóvenes y les imprimió su estilo: Francisco Bayeu y Mariano Salvador Maella fueron los más destacados, en perjuicio de los discípulos de Corrado Giaquinto, omnipotente en Palacio bajo Fernando VI y autor de muy bellos frescos.

Bajo Carlos III y Carlos IV un elemento fundamental en la decoración eran los cuadros que cubrían totalmente las paredes desde el friso o zócalo hasta la cornisa: los viajeros quedaban perplejos ante la combinación de semejante cúmulo de obras maestras y la suntuosidad decorativa del Palacio. En algunas habitaciones las pinturas se sustituían por tapices durante el invierno. Pero a principios

Fachada norte de Palacio, con la cúpula de la Real Capilla, desde los jardines de Sabatini.

del siglo XIX cambió el gusto: bastaba un solo cuadro por pared como mucho, encima de la colgadura de seda o del papel pintado que entonces se empezó a usar. Fernando VII relegó así la inmensa mayoría de las obras maestras que luego reunió en la *Galería Real de Pintura,* hoy *Museo del Prado.*

El aspecto de las salas es también muy fernandino por otros elementos esenciales del mobiliario. Carlos IV sentía pasión por los muebles y objetos decorativos franceses, y las Colecciones Reales cuentan con piezas magníficas de aquel período. Este gusto fue continuado por su hijo Fernando VII que, entre 1818 y 1830 fundamentalmente, llevó a cabo compras masivas de objetos parisinos de bronce: relojes, candelabros y arañas. A pesar de su belleza, su número es tal que no podemos extendernos en la descripción de cada uno de ellos: cuando no se dan más indicaciones, ya se sabe que son fernandinos y de París. El efecto de profusa riqueza estilo "Imperio" que producían debía ser tremendo entonces, cuando estaban concentrados en la mitad occidental del Palacio, mucho más que ahora que están dispersos por toda la residencia.

Araña de bronce dorado y cincelado. Obra francesa del siglo XIX.

Audiencias y visitas en el Antiguo Régimen.
"Su Majestad da audiencia ciertos días de la semana. Los que desean tener la honra de besarle la mano, hablarle sobre cualquier asunto o presentarle alguna solicitud, obtienen este permiso dirigiéndose, con una esquela, al señor capitán de guardias de corps, por la mañana hasta las nueve, quien, si ha lugar, le señala hora en que pueda efectuarlo. Para hablar con los Señores Infantes hay que dar los mismos pasos..."
"Las riquezas y bellezas que encierra este Palacio son innumerables... El conserje o aposentador mayor que vive en el mismo Palacio proporciona el ver todas estas curiosidades cuando Sus Majestades están ausentes". *Paseo por Madrid, o Guía del Forastero en la Corte*. Madrid, 1815.

Fachada principal de Palacio y Plaza de Armas.

La "torre del Rey" con la estatua de Moctezuma, en la fachada principal de Palacio.

Los cambios decorativos de Isabel II, aunque importantes en la mitad oriental del edificio, y sobre todo en sus habitaciones privadas, palidecen en comparación con los de su padre y los de su hijo, Alfonso XII. La Restauración trajo consigo un afán por poner al día el Palacio de Madrid según los parámetros de las residencias reales victorianas, dentro del gusto de la burguesía conservadora de finales del XIX por los interiores abigarrados y oscuros. Las obras fueron dirigidas por el arquitecto José Segundo de Lema y consistieron en la habilitación y decoración de un salón para bailes y comidas de gala y otros adjuntos; una sala de billar, otra de fumar, y la colocación de parqué en muchas de las habitaciones privadas y de los salones, que recibieron además mobiliario al gusto de la época. Se sacrificaron para ello algunas decoraciones muy importantes y frescos de Mengs. El siglo XX ha estado marcado por las grandes obras de restauración llevadas a cabo después de la última guerra civil española de 1936-1939, y por las de los últimos años.

LA VISITA

La Plaza de Armas y la fachada principal

El acceso al Palacio Real desde la ciudad siempre ha sido por la calle Mayor hasta llegar a la *Real Armería*. Este edificio, que fue demolido en 1884 y que ha dado nombre a la Plaza existente entre la catedral de la Almudena y el Palacio, estaba situado aproximadamente donde lo está ahora la gran reja por la que se accede.

Palacio Real. Ángulo noroeste.

Tras atravesar la verja, se llega a la *Plaza de Palacio,* también llamada de *Armas,* porque aquí se hace la parada militar y los honores de ordenanza, y que desde el siglo XVI ha sido el escenario en el que la pompa de la Corte salía a mostrarse al pueblo, con la fachada principal de la residencia regia como telón de fondo.

Sachetti y Ventura Rodríguez concibieron esta Plaza con pórticos abiertos que unirían el Palacio con los edificios de servicio, pero Sabatini dio a este espacio su actual carácter de *patio de honor* a la francesa, abrazado por dos prolongaciones de las habitaciones reales, de ellas sólo se llegó a acabar –en 1783, y su decoración en 1788– la de la derecha, o *Ala de San Gil.* El ala izquierda nunca llegó a pasar del nivel de la primera planta.

Los pabellones bajos que forman los costados de la Plaza siguen las líneas generales marcadas por Sabatini, pero son ya del siglo XIX y responden, como la reja, al proyecto de Narciso Pascual y Colomer (1847), que bajo Isabel II terminó el de la derecha; y el de la izquierda fue realizado entre 1883 y 1893 por sus sucesores. Los arcos abiertos a la izquierda sobre el Parque de Palacio permiten comprender la

La Plaza de Armas.
"...Uno (de los paisajes verdaderamente bellos que le han impresionado) es la vista desde la terraza del Palacio Real. Se atraviesa la Plaza de Armas, donde cada mañana se hace la Parada militar, se interna uno bajo la galería que por el lado de Poniente es el límite del Palacio y de la ciudad, y, entre los pilares blancos que sostienen los arcos, queda encuadrado todo un valle verde, profundo, que como una cascada de jardín y arbolado desciende escalonadamente hasta el Manzanares para volver a subir al otro lado, donde los montes y bosques se extienden en busca de las montañas de peñascosas cumbres. Las líneas son muy nobles y el tono general interesantísimo: ayuda a comprender los cuadros de Velázquez, sus lejanías inmensas de un verde triste que confina con un azul sin brillo".
René BAZIN: *Terre d'Espagne.* París, 1905.

Relieve de la España armígera. *Gian Domenico Olivieri.*

fascinación que provocaba este emplazamiento. Al otro lado del río, la Casa de Campo se extiende hasta enlazar con el Monte de El Pardo y, en la lejanía de la sierra, llega a verse en los días claros el Monasterio de El Escorial. La continuidad de todas esas propiedades reales fue aún más acusada mientras existió el Real Sitio de La Florida o de La Moncloa, creado por Carlos IV, y que ocupaba todo lo que ahora es el barrio de Arguelles, el Parque del Oeste y la Ciudad Universitaria.

En la *fachada principal* pueden observarse con detalle las formas de la arquitectura del Palacio, inspiradas en Bernini y Juvarra. Sobre un basamento almohadillado, que corresponde al piso bajo y al primer entresuelo, se eleva un orden gigante de pilastras y columnas que articulan los pisos principal, entresuelo y segundo; la gran cornisa general está coronada por una balaustrada que oculta las cubiertas de plomo.

Daban al edificio una gran plasticidad y sentido propagandístico barrocos las numerosas estatuas realizadas por un nutrido equipo de artistas españoles dirigidos por el italiano Gian Domenico Olivieri y por el gallego Felipe de Castro, escultores principales de Fernando VI. Las colocadas sobre la balaustrada de coronación representaban a los Reyes de España, desde el primero de los Godos hasta Fernando VI; mientras que al nivel del piso principal, sobre los pedestales en los ángulos, había, por parejas, reyes suevos, condes de Castilla, reyes de Navarra, Aragón y Portugal, emperadores precolombinos y dos santos patronos de España. Esta exuberancia escultórica aumentó durante el proceso de la obra, debido a la influencia del erudito fraile benedictino fray Martín Sarmiento, encargado de disponer el complejo programa iconográfico, pero fue bruscamente suprimida por Carlos III quien, para dar al edificio un aire más clasicista, mandó quitarlas todas. Sólo con la moderna restauración de las fachadas, concluida en 1974, se repusieron las estatuas que hoy se ven. Entre ellas destacan, en los ángulos, al nivel del piso principal, la de *Moctezuma*, emperador de Méjico, obra de Juan Pascual de Mena (izquierda), y la de *Atahualpa*, del Perú, de la que es autor Domingo Martínez.

Donde Sabatini situó las cuatro columnas dóricas, que le permitieron dar al balcón mayor vuelo, Fernando VI había hecho colocar las esculturas de cuatro emperadores romanos nacidos en Hispania: *Honorio y Teodosio*, por Olivieri, y *Trajano y Arcadio* por Castro; desde 1791 están en el patio principal. Sobre el balcón, cuyos tres grandes huecos en arco fueron reducidos también por Sabatini, el relieve de la *España armígera*, se debe a Olivieri.

En el ático, el reloj fue construido según diseño de Sabatini en 1761, año que figura en una de las dos campanas. La otra procede del viejo reloj del Alcázar y está fechada en 1637. Al colocar la esfera, Sabatini eliminó el castillo en relieve, la escultura del león con los dos

Escalera principal.

mundos y las columnas del *Plus Ultra*, que con el Zodiaco –subsistente en los laterales– componían un emblema heráldico de la Corona. En los pedestales inmediatos han sido repuestas las esculturas de los Reyes que levantaron el Palacio.

EL ZAGUÁN Y LA ESCALERA PRINCIPAL

En la fachada hay cinco puertas: por las dos laterales los vehículos entran a los zaguanes chicos y de allí al patio principal. Por las tres centrales, al zaguán principal o *atrio*, donde las columnas de orden toscano, en caliza rosada de Sepúlveda, dan calor a la blancura de la piedra de Colmenar. Las carrozas que entran por aquí dejan a sus ocupantes –Monarcas, Jefes de Estado o Embajadores únicamente– al pie de la escalera principal, a mano derecha, frente a la cual se alza la estatua de Carlos III, del escultor Pedro Michel.

Para la escalera Sacchetti ideó dos grandiosas subidas iguales y enfrentadas, que habían de servir para acceder al Cuarto del Rey la de la derecha, y al de la Reina la de la izquierda. Los espacios que habían

Cuando los Reyes salían de Palacio.
"En el zaguán había dos o tres militares de paisano y siete u ocho mujeres que esperaban para dar memoriales al Rey, aunque apenas podían ignorar que ya había pasado el tiempo en el que se pedían gracias al Rey de España. Al cabo de un rato el Rey y la Reina bajaron la escalera, rodeados de varios empleados con librea de gala: casaca azul con vueltas rojas y galón de oro... y los chalecos y las medias blancos..."
Michael Joseph QUINN: *A visit to Spain... in the latter part of 1822 and the first months of 1823.*

Escalera principal. Bóveda decorada por Corrado Giaquinto.

Las dos escaleras principales gemelas, la de la derecha para el Rey, y la de la izquierda para la Reina, fueron una idea del marqués Scotti, aceptada en 1742. Sacchetti las concibió con gran magnificencia y despliegue escenográfico, pero tropezó con las críticas del propio Scotti y de su protegido Bonavia, que encontraban los peldaños demasiado altos. La obsesión por hacer la subida lo más cómoda posible motivó una polémica cortesana que dio lugar a varios proyectos, entre los que destacan los de Bonavia, el de los importantes arquitectos romanos Vanvitelli, Fuga y Salvi, y las alternativas que el propio Sacchetti planteó a lo largo de aquellos años, tomando cada vez más espacio hacia las fachadas de Oriente y Poniente. Bonavia fue el primero en proponer una caja de escalera diáfana, sin apoyos intermedios, planteamiento en el que le siguieron tanto Sacchetti como los arquitectos de la Academia romana de San Luca, a la que se consultó en 1746. Fuga, Salvi y Vanvitelli, aprobando a Sacchetti, enviaron, sin embargo, un hermoso diseño suyo como solución idónea pero como a los Reyes no les gustó la polémica hubo de ser solucionada a finales de 1746 por los directores de la naciente Academia de Bellas Artes de San Fernando. Sacchetti salió vencedor con su proyecto más ambicioso, y durante los años siguientes llevó a cabo estos dos espacios que ahora son la escalera principal y el Salón de Columnas; pero las rampas, cuya disposición ingeniosa y teatral ofrecía nueve salidas en la planta principal, sólo llegaron a hacerse de madera para que el Rey viese el efecto: a Carlos III no le gustó.

de contenerlas se construyeron conforme a su proyecto y hoy son escalera y Salón de Columnas.

Pero a Carlos III ni le gustó la forma que Sacchetti había dado a la rampas ni la distribución de las antecámaras para entrar a su Cuarto y al de la Reina, y teniendo en mente la escalera del gran palacio de

Bóveda de la escalera principal:
La religión protegida por España.
Corrado Giaquinto.

Caserta, que en Nápoles había construido Vanvitelli, ordenó a Sabatini que hiciese una sola como aquélla en una de las dos cajas y dejase la otra como salón de baile.

Así, en 1760 Sabatini hizo la escalera como hoy la vemos, pero en el lado opuesto, el izquierdo. Cuando en 1789 Carlos IV accedió al trono ordenó al mismo arquitecto que la cambiara a la derecha, como ahora está, por las razones de distribución ya comentadas. Sabatini reutilizó los mismos materiales y peldaños. Estos son de mármol de san Agustín y de una sola pieza, muy bajos y amplios, de modo que la subida es extremadamente suave, lo que era importante sobre todo para las sillas de mano en que las señoras accedían al piso principal.

El tiro central desemboca en un gran rellano, donde conviene acercarse a la pared para observar todo el espacio: los leones son de dos escultores diferentes, menos movido el del gallego Felipe de Castro, y más suelto el de Roberto Michel, que vuelve airosamente la cabeza.

Proyecto para las escaleras principales. G. B. Sacchetti, 1745. A.G.P.

Toda la decoración de la bóveda, terminada aún en vida de Fernando VI, se debe a Corrado Giaquinto, sobre cuyos diseños hizo los estucos J. B. Andreoli. Los frescos son la segunda obra de Giaquinto en Palacio, después de los de la Capilla y, como cuando se hicieron estaba vigente el proyecto de Sacchetti para la escalera, están pensados para ser vistos desde lo que entonces era la salida principal, que es la tribuna llamada *Camón*, donde ahora está la estatua sedente de *Carlos IV como emperador romano*.

Por eso es importante acercarse a la pared para observar la alegoría central que representa *La Religión protegida por España*, mientras que según se sube por las segundas rampas vamos mirando las hermosas personificaciones de la *Liberalidad*, la *Felicidad Pública,* (a la izquierda) la *Magnificencia* y la *Paz* (a la derecha), en las que los contemporáneos reconocían las virtudes características del reinado de Fernando VI. *Hércules arranca las columnas de Gibraltar ante Neptuno* en el Camón, sobre la entrada que Sacchetti dispuso fuese del Cuarto del Rey, y *El triunfo de España sobre el poder sarraceno* sobre la puerta del Salón de Alabarderos, junto con otros pequeños medallones, completan el conjunto pictórico.

Es inevitable evocar aquí dos anécdotas: una de Napoleón, que en su visita a Madrid se paró en el rellano y, volviéndose al flamante rey José, le dijo: "Hermano, vas a tener una casa mucho mejor que la mía"; la otra es la célebre "Batalla en la escalera de Palacio", intento de rapto a la reina niña Isabel II por el general Diego de León y sus soldados, a quienes hicieron frente los alabarderos, a las órdenes del coronel Dulce (1841).

En el desembarco de la escalera hay otros dos importantes retratos escultóricos de reyes españoles de la Casa de Borbón, que proceden del Palacio de La Granja: *Felipe V* y su segunda esposa *Isabel de Farnesio*, por René Fremin, que diseñó también los magníficos pedestales de mármol y bronce.

Isabel de Farnesio. *René Fremin.*

Cuarto del rey Carlos III

Salón de Alabarderos

Sacchetti lo concibió como salón para bailes y fiestas, con unas tribunas a la altura de las ventanas para situar a los músicos; pero Carlos III lo destinó a sala para la guardia, y por ello Sabatini lo decoró del modo más simple posible con pilastras toscanas, en lugar de la rica ornamentación que hubiera llevado. También es de 1760 el pavimento de piedra de Colmenar y roja de El Molar, cuyas losas estaban en principio destinadas al solado de la galería que en este piso rodea el patio; así es también el de la Saleta, que no se ve por cubrirlo la alfombra.

La Guardia.
"La Corte en España desplegaba una etiqueta y una grandeza absolutamente extraordinarias... El servicio de los guardias de corps consistía, como en todos los países donde existía entonces, como Francia, Nápoles y España, en montar guardia en el interior de los Palacios Reales, y en acompañar al Soberano, bien a pie bien a caballo, dondequiera que fuese. La Familia Real española exigia por entonces un considerable servicio... El Rey salía muy a menudo, iba todos los días a dar largos paseos en coche con escolta, y pasaba parte de la tarde en el pequeño palacio de El Pardo, cercano a Madrid. Para todo esto hacían falta escoltas, y las tenía pese al tiempo que hiciera".
Barón de NERVO: *Souvenirs de ma vie...* París, 1871.

Bóveda en el Salón de Alabarderos: Venus encomendando a Vulcano que forje las armas para Eneas. *Giambattista Tiepolo.*

Felipe V. *René Fremin.*

Pero esta noble sencillez no impedía desplegar la riqueza pictórica en el fresco, donde G. B. Tiépolo realizó una de sus obras maestras, *Venus encomendando a Vulcano que forje las armas para Eneas,* tema inspirado en un pasaje de la *Eneida* de Virgilio y escogido por la función militar del lugar, aunque parece también aludir a Carlos III,

Bóveda del Salón de Columnas: El Sol anima a las fuerzas de la Naturaleza. *Corrado Giaquinto.*

"Dejaré, sin embargo, todo mi hastío al pie de la escalera, preparándome con verdadera satisfacción a describirte la belleza y grandiosidad de los salones superiores. No conozco otro palacio en Europa decorado con una magnificencia tan verdaderamente regia"
Henry SWINBURNE: *Travels through Spain in the years 1775 and 1776...* Londres, 1779.

Salón de Alabarderos, detalle de una consola de caoba y bronce según diseños de Francisco Sabatini, 1791.

como héroe guerrero, y a su madre la reina Isabel de Farnesio, como promotora de sus conquistas italianas.

Hasta el siglo XX el mobiliario de esta Sala era sencillísimo, reducido a bancos y otros objetos para uso de los alabarderos, pero ahora la adornan piezas importantes.

A ambos lados de la chimenea, cuatro de las ocho *consolas* de caoba y bronce dorado, realizadas en 1791 según diseño de Francisco Sabatini para la Pieza de Comer o Saleta de Carlos IV, en este mismo Palacio. Sobre ellas, relojes franceses y dos modelos, en bronce y piedras duras, de la *Fuente de los Cuatro Ríos* que Bernini hizo en la Piazza Navona de Roma. Encima, los cuadros son dos buenas copias –del siglo XVIII– de *Sibilas* pintadas por Rafael en la *Stanza della Segnatura* del Palacio Vaticano, y dos *paisajes con escenas mitológicas*, por B. M. Agüero, de finales del siglo XVII.

Del lado del patio hay otras dos consolas de principios del siglo XIX en madera tallada y dorada, pero sus tableros son de mármol y escayola pintada, italianos del siglo XVII; sobre ellas, un hermoso modelo de *templete monóptero*, de finales del XVIII, del Buen Retiro, y otro en bronce de la *Columna Trajana.* Los dos cuadros, *Pasajes de la vida de Salomón*, por Luca Giordano –acabados por Solimena–, sirvieron, con otros del mismo tema y artista, como modelos para los tapices del Cuarto del Rey en este Palacio Nuevo, tejidos en la Real Fábrica de Tapices bajo la dirección de Corrado Giaquinto. De esta

Salón de columnas.

El Lavatorio del Jueves Santo de 1875, 27 de marzo: el primero de Alfonso XII. "Pasó algún tiempo antes de que la multitud saliese de la Capilla donde se había celebrado el servicio religioso... Entramos en el Salón de Columnas que encontramos ya atiborrado de espectadores, de los cuales más de ochocientos eran señoras, todas de pie en torno, algunas subidas en los bancos, una fila sobre otra, dejando apenas el más pequeño espacio para los actores de esta representación. En el centro de este espacio, los doce pobres o "apóstoles" estaban sentados en un banco, todos con sus pies bien preparados, desnudos hasta la rodilla y lavados tan concienzudamente como es posible con agua y jabón. Llegaron en procesión el Rey, en uniforme de gran gala, con una toalla a la cintura, seguido por el cardenal Moreno... y tras ellos y a su alrededor un gran número de grandes y mariscales... La procesión hizo un alto en el estrecho espacio que había ante los doce hombres sentados. El Cardenal se adelantó y, auxiliado por un grande que llevaba jarra y jofaina, echó unas pocas gotas de agua perfumada sobre cada uno de los pies desnudos puestos en fila. Tras él, el Rey, arrodillándose ante cada pie, lo frotó ligeramente con la toalla, y se inclinó como yéndolo a besar, pero sin hacerlo. La ceremonia no duró más de diez minutos".
Antonio C.N. GALLENGA *Iberian reminiscences. Fifteen years' travelling impressions of Spain and Portugal.* Londres, 1883.

misma manufactura son el repostero con las armas reales sobre la chimenea y las cubiertas de los bancos para la Capilla, todo del XVIII.

Salón de Columnas

Este Salón es la caja de la escalera que según los proyectos de Sacchetti habría servido para acceder al Cuarto de la Reina. Sus paredes son iguales en todo a las de la escalera que, finalmente, hizo Sabatini. El techo es diferente porque fue ya decorado en tiempo de Carlos III, quien hizo disponer aquí la escalera principal, tal y como ahora es, en el lado opuesto, y los estucos fueron ya diseñados por

Atleta con disco. *Vaciado en bronce de una estatua antigua traída de Roma por Velázquez en 1651.*

Tras el Lavatorio, la Cena.
"Los doce hombres se levantaron fueron llevados en desfile con gran pompa alrededor de la sala, y se sentaron entonces, en una fila, a un lado de una larga mesa... Tras ésta, sobre una plataforma alta y espaciosa, estaba la Corte. En el centro la Infanta Isabel... El extremo derecho de la tribuna estaba ocupado por el cuerpo diplomático... El Rey y su séquito inmediato eran los únicos sirvientes de la mesa. Innumerables platos eran entregados en la puerta, y pasados de mano en mano hasta tan egregios criados que puestos en fila a lo largo de la mesa se los presentaban a los humildes invitados... Lo más curioso de todo sin embargo, eran los pobres doce apóstoles, los únicos sentados mientras todo el mundo estaba allí de pie: tensos, azorados y,... demasiado avergonzados para atreverse a mirar, y mucho menos tocar, las exquisitas viandas que pasaban bajo sus narices sorprendidas y que desaparecían para dejar lugar a otras exquisiteces aún más escogidas... La farsa... duró cerca de una hora, al cabo de la cual la fanfarria dio la señal de marcha. El Rey y su séquito partieron en orden de ceremonia; la Princesa y la Corte le siguieron, y a los apostólicos pobres se les mostró el camino hacia la cocina, donde se les dio una comida más sustancial, tras la cual cada uno de ellos pudo sentirse feliz, con su cesta de vituallas para su familia, y cien reales en el bolsillo". Antonio C. N. GALLENGA: *Iberian reminiscences. Fifteen years' travelling impressions of Spain and Portugal*, Londres, 1883.

Sabatini, y realizados por Bernardino Rusca en 1761, a la vez que los del Salón de Alabarderos; los cuatro medallones en bajorrelieve representan los cuatro elementos. Entre 1762 y principios de 1763 Giaquinto pintó el fresco, cuyo efecto, por tanto, está pensado para ser visto desde el primer tramo de la escalera de Sabatini. Conviene observarlo desde muy cerca de la entrada a la Sala y, si es posible, agachándose. El tema supone una alusión al Rey en la figura de Apolo como deidad solar, pues representa *El Sol ante cuya aparición se alegran y animan todas las fuerzas de la Naturaleza.* Apolo, que

Salón de Columnas. Tapicería de Los hechos de los Apóstoles *según diseños de Rafael de Urbino. Detalle.*

Planeta. *Jonghellinck.*

avanza en su carro por el anillo del Zodiaco, está acompañado por las Horas y precedido por la Aurora y el Céfiro. Más abajo, las estaciones del año y los elementos están simbolizados por Ceres, Baco, Venus, Vulcano, Diana, Pan y Galatea.

También de Giaquinto, y su última obra en Palacio, es *La Majestad de la Corona de España*, que está sobre la puerta. Cuando se pintó este espacio era la escalera, y esa imagen advertía a los visitantes que iban a entrar en las habitaciones reales.

Desde que Carlos IV trasladó aquí el salón de baile, éste fue el

Vista de la decoración al fresco de la bóveda del Salón del Trono: Apoteosis de la Monarquía española. *Giambattista Tiépolo.*

El orden ceremonial de las salas de Palacio se regía por la etiqueta: cada habitación estaba destinada a un cometido concreto y el acceso era progresivamente más restringido. El embrión de este tipo de distribución, que se remonta a principios del XVI, es un núcleo de dos piezas: la *sala*, para recibir, y la *cámara*, para dormir. Al introducir otras previas e intermedias surge la secuencia del Cuarto del Rey: Antesala-Sala-Saleta-Antecámara-Cámara-camarillas o gabinetes. El mismo orden regía las habitaciones de las demás personas reales, pero con amplitud decreciente según el rango de cada una. "Todos los miembros de la Real Familia comen en público en salas distintas, y el ceremonial de esta Corte es visitar sus respectivos apartamentos mientras comen, costumbre fatigosa para quienes han de asistir y que carecería de atractivo si no fuera por la presencia constante de los embajadores extranjeros. Don Luis, el hermano del Rey, que es la persona real de menor rango, es el primero en ser visitado... La siguiente en el turno es la infanta doña María (Josefa)... luego los dos infantes, don Gabriel y don Antonio... Después el Príncipe y la Princesa de Asturias; ésta es de la Casa de Parma, y parece muy afable... ". William DALRYMPLE: *Travels through Spain and Portugal in 1774..*, Londres, 1777.

escenario de los banquetes y festejos cortesanos que no sólo eran de diversión, sino también de ceremonia. Por ejemplo, el Jueves Santo el Rey lavaba los pies y servía la cena a doce pobres que simbolizaban a los Apóstoles, ante toda la Corte que presenciaba la escena. El **Lavatorio**, que era una costumbre piadosa que llevaban a cabo otros monarcas europeos además del español –y aún hoy el Papa– continuó realizándose hasta el reinado de Alfonso XIII. Precisamente los tapices que cubren los arcos ilustran *Los hechos de los Apóstoles*, y fueron tejidos en Bruselas a principios del siglo XVII según los cartones que Rafael pintó para la célebre tapicería que está en el Vaticano. Flamencas son también tres de las esculturas de bronce, parte de la serie de los *Siete Planetas* fundida por Jonghellink hacia 1570. La cuarta escultura es una copia en bronce del *Gladiador con disco,* mandada hacer en 1651 por Velázquez en Roma. También italianos y de épocas diversas son los bustos de emperadores en pórfido y mármoles.

La gran estatua de *El emperador Carlos V dominando el Furor* es una copia decimonónica encargada al broncista parisino Barbedienne, en 1878, del original de Leone Leoni que se encuentra en el Museo del Prado. Su colocación aquí en 1879, sobre un pedestal neoplateresco, es un rasgo que evoca las glorias de la rama española de los Habsburgo, enlazándolas con las de los Borbones, y en este sentido debe ser entendido dentro de la reorganización de los espacios y de la decoración del Palacio por Alfonso XII, que hizo también un salón específicamente destinado a bailes y comidas de gala; por ello, este Salón de Columnas

Salón del Trono. Detalle del extremo oeste, con las pinturas al fresco por G. B. Tiépolo y las esculturas en estuco por Roberto Michel.

"Con gran satisfacción por nuestra parte conseguimos, en fin, que se nos dejara entrar en las Salas oficiales, y su sobresaliente belleza y fasto decorativo, junto con el rico despliegue de extraordinarios muebles y adornos, recompensó con creces nuestra curiosidad y nuestros deseos". John Benjamin STONE: *A tour with Cook Through Spain... as seen and enjoyed in a summer holiday*. Londres, 1873.

quedó desde entonces dedicado únicamente a los acontecimientos más formales, ya fueran de ritual, como el Lavatorio; ya luctuosos, como la exposición del cadáver de la reina Mercedes; ya políticos, como la firma del *Tratado de adhesión de España a la Comunidad Europea* en 1985. Para este acto se utilizó la monumental *mesa de las esfinges,* cuyo diseño se atribuye a Percier y Fontaine, y su parte de bronce a Thomire; el tablero constituye un rico muestrario de mármoles, no españoles en su mayor parte. Fue adquirida por Carlos IV a la viuda del comerciante Godon.

Las arañas de bronce, también parisinas son de 1846 y corresponden, sin embargo, al periodo en que con más frecuencia se utilizó esta Sala para fiestas y bailes: el reinado de Isabel II.

De aquí se pasaba a la antesala (Saleta de Carlos III) según el recorrido ceremonial vigente desde Carlos IV, pero en la actualidad se intenta seguir, en lo posible, el orden del Cuarto del Rey, bajo Carlos III, y por ello la entrada se hace por una puerta secundaria, al Salón del Trono.

Salón del Trono

El Salón del Trono (llamado también de Besamanos del Cuarto del Rey, de Reinos, o de Embajadores) conserva la totalidad de su conjunto decorativo tal y como fue ideado y realizado en el reinado de Carlos III, pues quedó completamente acabado en 1772. Una reciente restauración ha devuelto todo su esplendor a esta magnífica Sala, mediante la limpieza del fresco y la sustitución del terciopelo original por otro nuevo, pasándose el bordado a éste.

Salón del Trono. Detalle de los bordados y de la talla dorada, realizados en Nápoles según los diseños de G. Battista Natali.

Salón del Trono. Detalle de los frescos. Giambattista Tiépolo.

Audiencia el 8 de diciembre de 1783, festividad de la Inmaculada, patrona de la Orden de Carlos III, el Rey vuelve de la ceremonia en la Capilla.
"Llegamos casi los primeros al Salón de Embajadores. Los pajes se habían agrupado en torno al brasero; iban vestidos de azul y llevaban medias de un rojo anaranjado... Poco a poco una verdadera multitud llegó y llenó toda la sala. Podría decirse que es imposible reunir una colección tan extraña de personajes, incluso buscándolos por aquí y por allá. Me llamaron la atención algunos oficiales de Estado Mayor con sus bastones, una gran cantidad de caballeros de todo tipo, y dos capuchinos. En cuanto al Salón está tapizado majestuosamente de terciopelo carmesí, con adornos y bordados de oro de mucho bulto. En la bóveda se ven algunas figuras muy bellas, con rasgos típicamente españoles. Los espejos son de una altura y anchura extraordinarias. En jaulas había loros y otros pájaros cuyos plumajes tenían colores bellísimos. El Rey, el Príncipe y los dos Infantes pasaron por el Salón en solemne cortejo, viniendo de la Capilla. Llevaban grandes mantos blancos con adornos azules (de la Orden de Carlos III), al igual que los grandes y los cortesanos de alto rango que los precedían y los seguían".
Daniel Gotthilf MOLDENHAWER: *Relación del viaje a España en 1782-1783, publicada por Emile Gigas*, París, 1927.

Aquí recibía el Soberano todas las audiencias de ceremonia, hasta la última, pues en este Salón, de acuerdo con la etiqueta, quedaba expuesto el cadáver del Rey difunto antes de su traslado al Panteón de San Lorenzo el Real. Entonces se quitaban las mesas, los adornos de espejos y el solio, y se cambiaba la colgadura.

Aunque Sacchetti pensó cubrir todas las paredes de esta galería con mármoles que enmarcarían espejos y bajorrelieves, nada se llegó a hacer antes de la llegada de Carlos III. El Rey quiso que la decoración de esta Sala fuese dirigida por su hombre de confianza en materias de buen gusto, el conde Gazzola, y éste encargó los diseños para el mobiliario al arquitecto piacentino Giovanni Battista Natali. Al parecer también puede atribuirse a Gazzola la elección del pintor y del escultor que decoraron la bóveda.

El magnífico efecto de esta unión entre pintura, escultura y diseño decorativo alcanza su punto más alto en las rinconeras de la bóveda y en las sobrepuertas. El escultor de Cámara Roberto Michel, realizó los estucos decorativos de las sobrepuertas y la sobrecornisa, con una brillantez y una frescura de invención comparables a las que el gran Tiépolo demostró en la bóveda, su última obra maestra, que siempre ha sido objeto de elogios merecidos, incluso por parte de sus propios contemporáneos.

Salón del Trono.

El salón del Trono.
"La sala más grande y magnífica del Palacio por los soberbios espejos y el rico mobiliario con los que está adornada... Tiépolo tenía mucha imaginación y pintaba con tanto calor como facilidad..."
Jean-François PEYRON: *Nouveau voyage en Espagne fait en 1777 et 1778, & Essais sur l'Espagne.*

Salón del Trono. La Prudencia, *atribuida a Foggini.*

La grandeza y poder de la Monarquía española se expresa aquí mediante un gran número de figuras alegóricas y alusivas que se explayan sobre un fondo de cielo abierto. Cuando Tiépolo pintó el fresco se accedía a la Sala desde la actual Saleta Oficial, que era entonces antesala del cuarto del Rey –y donde la bóveda está también

Salón del Trono. Detalle de los frescos, frente al solio: Dioses olímpicos y personificaciones de las provincias americanas de la corona de España. *Giambattista Tiépolo.*

"Luego he visto los palacios de los reyes de Inglaterra, Francia, Cerdeña, Nápoles, Prusia y Portugal; los del Papa, del Emperador y de varios príncipes alemanes, y doy la preferencia a éste; pero es posible que sea igualado por el que el rey de Nápoles está edificando en Caserta, y del que vi parte en 1769".
Richard TWISS: *Travels through Portugal and Spain in 1772 and 1773. Londres*, 1775.

pintada por él y con un tema semejante– de modo que la composición debe entenderse entrando por aquel lado; si se avanza desde allí hacia la mitad de la Sala se divisa bien el grupo central, que es la *Monarquía española* cuyo trono, asentado sobre un gran globo, está flanqueado por las estatuas de Apolo y Minerva, rodeada por la Ciencia del Gobierno, la Paz y la Justicia –cerca de las cuales vuela la Virtud– y por la Abundancia y la Clemencia. Un anillo de nubes rodeado de genios, uno de los cuales sostiene la Corona Real en el mismo centro de la bóveda, sirve de dosel al trono de la Monarquía. Detrás de toda esta parte de la composición, y, muy apropiadamente colocada, inmediata a la entrada al Cuarto del Rey, hay una pirámide o monumento en honor a Carlos III, con las figuras de la Magnanimidad, la Gloria, la Afabilidad y el Consejo, y muy cerca las de las tres virtudes teologales, más la Prudencia, la Fortaleza y la Victoria; por último, las Bellas Artes "representadas en uno de los ángulos de la bóveda, manifiestan con sus atributos que van a perpetuar las glorias del gran príncipe que ha sido su restaurador".

Esta glorificación de la Monarquía y del Soberano es la parte principal de la alegoría; la otra mitad del cielo que la bóveda finge ser, la más alejada de la puerta de acceso, está poblada por los dioses del Olimpo. Destacan entre ellos Mercurio que, como embajador de los dioses ante la Monarquía, parece anunciarle de parte de Júpiter la Paz; Apolo, dios solar y protector de las Artes, está exactamente encima del trono del Rey; a la izquierda de éste, se encuentra Marte arrojando al Crimen y a las Furias y, enfrente del trono, en sitio dominante, Neptuno.

Marte. *Jonghellinck.*

Salón del Trono. Ángulo con el mobiliario realizado en Nápoles según diseño de G. Battista Natale.

La Audiencia Pública.
"Al entrar en la Plaza de Armas, el coche del Nuncio o Embajador pasará por medio de las filas de la parada o guardia, la cual, previamente formada, hará los honores de ordenanza, tocando la Marcha Real... El Nuncio o Embajador se apeará al pie de la escalera principal (*como sólo hacen las personas reales*). Los demás individuos... lo harán en las puertas laterales del Real Palacio, pero dentro de él. En la escalera principal se hallarán formadas las compañías de Reales Guardias Alabarderos con su música a la cabeza, que le hará los honores correspondientes; también... los Mayordomos de semana y Gentileshombres de casa y boca... el Introductor de embajadores le acompaña al Salón de Audiencia, donde es recibido por el Soberano, sentado en el trono, teniendo, a su derecha a los Príncipes, y, a su izquierda, a los Ministros y grandes dignatarios de Palacio: en ambos lados del Salón se colocan los Ministros extranjeros y personas de la Corte. El Embajador, acompañado de sus Secretarios y agregados, se acerca al trono, y saluda tres veces; el Príncipe se descubre en forma de saludo, y designa a aquél el sillón que debe ocupar delante del trono: siéntase el Embajador, y cubriéndose, pronuncia un discurso solemne... El Soberano contesta acto continuo, y termina, sin más, la audiencia".
Guía Palaciana, Nº 19, Madrid, 1899.

Ya en la parte más baja del fresco, encima de la sobrecornisa, se extiende una nutrida gama de personajes, que son quizá lo más apreciado de esta composición. Representan los reinos de la Península y los pueblos sometidos entonces a la Corona de España: en el lado por donde se entra están Andalucía, Cataluña, Aragón, Castilla y Granada; al

Solio, en el Salón del Trono. En la alfombra fernandina los Ambos Mundos, *emblema deciochesco de la extensión territorial de la antigua Monarquía española.*

Besamanos.
"En cuanto a las ceremonias de Corte, no puede caber la menor duda de que no han de faltar. La que tiene lugar con mayor regularidad es la fastidiosa farsa de comer vigilados por las miradas del público. La del besamanos, o sea la presentación de respetos, sólo tiene lugar en determinados días de fiesta. Se lleva a cabo desfilando en fila india –por tomar una expresión militar– y con una rapidez india también. Sin embargo, dura lo suficiente como para poner a prueba, e incluso agotar, la paciencia de algunos de los retoños de la Familia Real... Esta ceremonia tan formal se desarrolla ante la Familia Real antes de que coman por separado, no en grupo, pues cada persona real tiene su propia sala para comer. La fila de personajes que se presentan, diplomáticos, militares y funcionarios civiles, pasa ordenadamente, según su rango y con el traje que le corresponda a colocarse en fila, fluyendo a través del Palacio de un cuarto a otro; cada persona, hincando una rodilla, besa la mano de la persona real ante la que se presenta, y la ceremonia concluye cuando acaba la fila".
Maurice KEATING: *Travels through France and Spain to Morocco* (1785). Londres, 1817.

opuesto, las Indias Orientales, además del País Vasco, Cantabria, Asturias, Murcia; y en el lado largo sobre los balcones, empezando por el extremo más alejado, América, con Cristóbal Colón y varias figuras alusivas al Descubrimiento, y luego León, Galicia, Valencia y Extremadura. Identificarlas no es fácil, pues Tiépolo las ha ideado con gran libertad de artista, en clave de exotismo fantástico y nada preocupado por el rigor, sino con gracia y bizarría pintoresca en el conjunto y los detalles, como el paje que, justo sobre el trono, intenta coger un guacamayo, precisamente frente al grupo que alude a América.

Salón del Trono.
Copete de un espejo.

"Los salones de recepción son grandes, bien proporcionados y hermosamente adornados... La grandeza de este palacio reside en la secuencia de apartamentos hermosos y bien decorados".
George Downing WHITTINGTON: *Travels through Spain and part of Portugal.* Londres, 1808.

El resto de la decoración, constituida por las consolas, los espejos, el dosel, el sillón y la colgadura, ha de ser entendido como un todo concebido por Gazzola y los artistas italianos que eligió, haciendo venir de allí la totalidad de sus elementos, lo que demuestra la adhesión de Carlos III a las fórmulas napolitanas.

El terciopelo fue tejido en Génova *ex profeso*, con lo que se logró una calidad excepcional, y posteriormente fue enviado a Nápoles para ser recamado por el bordador de aquella Corte, Andrea Cotardi, o Gottard, con hilo de plata sobredorada. Entre los varios diseños que se pidieron en Madrid, París y Nápoles, fueron elegidos los presentados por el pintor piacentino, paisano de Gazzola, Giovanni Battista Natale, a quien se debe también la traza de las consolas y de los espejos realizados por el tallista Gennaro di Fiore. Entre el verano de 1765 y noviembre del año siguiente quedaron dispuestos todos los elementos decorativos para el Salón de Besamanos, pero no ocuparon el lugar para el que habían sido concebidos sino en 1772.

El conjunto decorativo diseñado por Natale es una obra clave de la fantasía del rococó italiano. Con el magnífico exotismo de Tiépolo, vagamente alusivo al amplio dominio de la Monarquía española, concuerdan perfectamente los temas característicos del barroco tardío que Natale ha dispuesto en la talla decorativa de los doce espejos y mesas formando juego: las cuatro partes del Mundo, las cuatro estaciones del año –o las cuatro épocas de la vida– y los cuatro elementos; el todo forma así un amable elogio retórico del poder que tiene allí su sede.

Salón del Trono. Leones de bronce.
Matteo Bonicelli, 1651.

"Las Musas". *Detalle del fresco de la Saleta de Carlos III*: La Apoteosis de Trajano. *Antón Rafael Mengs.*

"La sala donde está el trono, y a la que se llama *Salón de los Reynos*, es digna de admiración aún despues de ver la Galería de Versalles. Un veneciano llamado Tiépolo ha pintado al fresco en su bóveda los diversos trajes de la vasta Monarquía Española, tipo de decoración que sólo puede corresponder al Palacio del Soberano de las Españas... Los espejos, que son de un tamaño seguramente único en Europa, han sido fabricados en San Ildefonso..." Jean-François BOURGOING: *Nouveau voyage en Espagne...* París, 1788.

"A mi juicio es la sala más magnífica de toda Europa... el Trono representa la grandeza de un modo perfecto". John Benjamin STONE: *A tour with Cook Through Spain... as seen and enjoyed in a summer holiday.* Londres, 1873.

Las esculturas de bronce que adornan el Salón se colocaron también entonces, pero son todas anteriores: las cuatro virtudes cardinales que están en la pared del trono suelen atribuirse a René Fremin, como realizadas para el retablo de la Colegiata de La Granja, pero también se han adjudicado a Foggini. *Mercurio, Júpiter, Saturno y Marte* constituyen, junto con los otros tres que están en el Salón de Columnas, la serie de los *Siete Planetas* debida a Jonghellinck; las otras dos, un *Sátiro* y el *Germánico,* son vaciados de estatuas clásicas encargados por Velázquez y realizados en Roma. También romanos y de 1651 son los leones de bronce, de Mateo Bonicelli, que el insigne pintor encargó para decorar el Salón de los Espejos en el Alcázar.

Las dos arañas de cristal de roca y plata fueron compradas en 1780 al embajador de Venecia, Francisco Pesaro, por recomendación calurosa de Sabatini. No deja de ser paradójico que tales muebles vinieran a completar este conjunto rococó cuando su estilo estaba ya pasado de moda, y sólo diez años antes de que Sabatini empezase a proyectar para esta Sala, por encargo de Carlos IV, una nueva decoración, radicalmente arquitectónica y clasicista en mármoles y bronces, con pilastras corintias, que no llegó a acabarse nunca.

A Carlos IV se debe la adquisición de tres de los cuatro magníficos relojes de compleja maquinaria horaria y musical: a la derecha del solio, gran reloj de pie con caja de ébano y bronces estilo Luis XVI, realizado por Ferdinand Berthoud, en París hacia 1780; a la izquierda, otro también de ébano y bronce de estilo rococó inglés, por John Ellicott. Enfrente, monumental reloj de sobremesa por Furet y Godon en mármol blanco y bronce, representando la Música y la Astronomía;

y de los mismos materiales y gusto –Luis XVI, hacia 1780–, en la consola más cercana, otro por "Godon, relojero y maquinista de SMC". Fernando VII respetó la decoración de época de su abuelo, añadiéndole, eso sí, la gran alfombra tejida en la Real Fábrica de Madrid. A su reinado y al de su padre corresponden los candelabros de estilo Imperio sobre las consolas.

Por último, lo que da nombre a la Sala: el *Trono*. El sillón original, del que son copia fiel los dos que aquí se ven, se encuentra en el Palacio de La Granja y lleva el retrato de Carlos III en el relieve que corona el respaldo. Alfonso XII mandó copiar el mueble, poniendo su perfil en la medalla; lo mismo hizo Alfonso XIII, y además otro con el retrato de la reina Victoria Eugenia para colocarlos juntos; del mismo modo, los actuales llevan las imágenes de Sus Majestades don Juan Carlos y doña Sofía.

Saleta de Carlos III

La Saleta era la pieza donde el Rey comía y recibía las audiencias ordinarias. Entonces, sus paredes estaban cubiertas durante el invierno

Saleta de Carlos III.

"La Fama proclamando el nombre de Trajano". *Detalle del fresco*: La Apoteosis de Trajano. *Antón Rafael Mengs*.

La comida del Rey.
"Su Majestad come solo en la sala de su Cuarto reservada para ello, y es allí, puesto a la mesa, donde los Ministros le presentan sus respetos. Apenas había comenzado a comer el Rey, le saludaron y se retiraron para ir al Cuarto del Príncipe, que también estaba comiendo. Después volvieron ante el Rey, poco antes de que la mesa de éste se levantara. A veces le acompañan hasta su gabinete y se quedan allí con él durante un cuarto de hora, y es entonces cuando el Rey charla con algunos de ellos.
Un gentilhombre pone los platos sobre la mesa del Rey en cuanto se los pasan; luego son los pajes quienes se los llevan. El que presenta al Rey el agua o el vino se pone de rodillas cuando éste empieza a beber.
Durante toda la comida el Nuncio permanece de pie a algunos pasos delante de la mesa, y el Rey habla casi exclusivamente con él. Cuando el Rey ha terminado de comer, el Patriarca, que es un prelado y, por tanto, va vestido igual que el Nuncio y el Confesor, pronuncia la oración de gracias que apenas dura dos o tres segundos. El Rey se santigua, se limpia la boca y las manos y entra en su Cuarto.
... Vi también al Príncipe durante su almuerzo. Come solo con la Princesa, a quien sirven dos damas. Al igual que el Príncipe, ella hablaba de vez en cuando con uno u otro de los embajadores.
... Después de comer, el Rey se cambió enseguida de traje y se fue de caza".
Daniel Gotthilf MOLDENHAWER: *Relación de su viaje a España en 1782-1783*, publicado por Emile Gigas. París, 1927.

con los tapices de la serie de la Historia de David, Salomón y Absalón, tejidos en la Real Fábrica de Tapices y durante el verano con ocho grandes retratos ecuestres, obras capitales de Rubens y Velázquez, ahora en el Museo del Prado. Pero desde el reinado de Fernando VII los cuadros que hay son cuatro de Jordán, dos de la Vida de Salomón, y otros dos de historia romana: *Quinto Curcio arrojándose a la sima y la Muerte de Séneca.*

En la bóveda destaca la pintura al fresco de A. R. Mengs, *La apoteosis de Trajano*, de 1774. Este emperador romano nacido en Hispania, utilizado aquí como "otro yo" de Carlos III, se presenta en el lado de la bóveda que está frente a la entrada sentado en su trono, revestido de la púrpura imperial y rodeado por Minerva, Hércules y la Gloria que le corona. Diversas alegorías de la Victoria y de sus virtudes se agrupan en los lados largos, mientras en el testero de enfrente las nueve Musas y las Artes, entre otras personificaciones, rodean el templo de Apolo. Es todo un discurso sobre las virtudes del Monarca ilustrado, su protección a las Artes, etc.

El estuco diseñado por Sabatini fue realizado por Andrioli entre1761 y 1763. También del reinado de Carlos III son todos los elementos marmóreos y, aunque entonces no eran éstas las que había aquí, las cuatro consolas y sus correspondientes espejos. De París, como las dos grandes arañas fernandinas, procede también el diván circular, con bronces de Thomire y las iniciales de Isabel II en la tapicería; data de 1846, pero no se puso aquí hasta fines del XIX, cuando se colocaron también los largos divanes en los testeros; de la misma época son los taburetes. La alfombra, de la Real Fábrica, está fechada en 1880; de esos años era la seda de la pared, que por su mal estado ha sido copiada y repuesta en 1994.

Desde que Carlos IV hizo situar la escalera principal en su actual emplazamiento, esta Sala, a la que se entraba directamente desde el Salón de Columnas, fue la primera pieza del Cuarto del Rey, que desde aquí continuaba hacia Oriente, en orden inverso al de Carlos III, entonces dedicado al Príncipe de Asturias.

Antecámara de Carlos III

La Antecámara o "Pieza de la Conversación" era donde el Rey cenaba, y así está representada –aunque "inventándose" la bóveda– en el cuadro de Paret *Carlos III comiendo ante su corte.* Los tapices que entonces la decoraban eran los de la Historia de José, hechos en la Real Fábrica sobre cartones pintados en 1770 por José del Castillo, bajo la dirección de Giaquinto, pero durante el verano colgaban aquí obras maestras de Tiziano, Van Dyck y Velázquez, como *Las Meninas.* A esta habitación estaban destinadas las magníficas consolas de piedras duras y bronces, obra maestra de la Real Fábrica del Buen Retiro, y que actualmente se encuentran en el Museo del Prado.

Antecámara de Carlos III.

Del reinado de Carlos III subsiste la decoración de mármol, y también de entonces data la chimenea, muy buena y que –caso raro– conserva sus bronces. Pero la pintura, tanto la de la bóveda como los cuadros, es protagonista absoluta en esta Sala.

El fresco por Antón Rafael Mengs representa *La Apoteosis de Hércules:* el héroe, tradicionalmente utilizado en España como personificación o emblema del Rey, es recibido entre los dioses en el Olimpo como recompensa a sus grandes hazañas; se trata de ensalzar a Carlos III como ilustre militar y político, y también como protector de las Artes, a las que alude el hermoso grupo de *Apolo y las Musas* sobre la puerta de la entrada. Los sobrios estucos decorativos, realizados por Bernardino Rusca, fueron asimismo diseñados por el pintor y no por Sabatini. Este cedió ante su

Carlo IV. *Francisco de Goya.*

La cena del Rey.
"En la cena los pajes traen los diferentes platos y se los presentan a uno de los gentileshombres de Cámara que ese día están de servicio; éste los pone sobre la mesa; otro gentilhombre permanece de pie junto al Rey para escanciarle vino y agua, que antes prueba y luego presenta hincando la rodilla; el Patriarca asiste para impartir la bendición, y también, más distante, se halla el Inquisidor General a un lado, y al otro el Capitán de Guardias. Los embajadores forman círculo en torno y conversan con el Rey un corto rato cuando se retiran con él a la sala próxima a la que se entra por la puerta que está detrás de su sillón. El resto de la Corte forma otro círculo exterior. Cuando el Rey se levanta de la mesa se adelantan todos los que habían de serle presentados, y si el Corregidor de Madrid recibe tal indicación entra con los embajadores en la Cámara. El Rey sale a hacer ejercicio todos los días del año, sea con lluvia o temporal, aunque si es en Madrid sólo lo hace por la tarde, pero si está en el campo, en alguno de los Sitios, sale mañana y tarde".
William DALRYMPLE: *Travels through Spain and Portugal in 1774...* Londres, 1777.

amigo Mengs tras haberse enfrentado con Giaquinto, que era quien en principio iba a decorar esta bóveda. El incidente con sus dos rivales, favorecidos por el Rey, decidió al pintor de Fernando VI a abandonar España, ya viejo y enfermo. Los cuatro relieves ovales en las esquinas se deben a Felipe de Castro.

María Luisa de Parma, vestida "de maja". *Francisco de Goya.*

"Marte y otras deidades olímpicas". *Detalle de los frescos de la bóveda de la Antecámara de Carlos III*: La Apoteosis de Hércules. *Antón Rafael Mengs.*

Los cuadros, obras maestras de Goya, son dos parejas de retratos de *Carlos IV* y de su mujer la reina *María Luisa de Parma*: una es más formal, mostrando al Rey con uniforme de coronel de la Guardia de Corps y a ella en traje de Corte; mientras que en la otra, más desenfadada, él está vestido de caza y ella a la española, "de maja", con basquiña y mantilla. Estos

"Apolo, Baco y otras deidades olímpicas". *Detalle de los frescos de la bóveda de la Antecámara de Carlos III*: La Apoteosis de Hércules. *Antón Rafael Mengs.*

lienzos son los más destacados de los que se pueden contemplar hoy en Palacio, y los dos primeros han estado en esta Sala desde el reinado de Fernando VII. El contrapunto de la obra goyesca nos lo ofrecen los bustos de la misma pareja real, en mármol, por Juan Adán (1797).

También del reinado de Carlos IV son las consolas y el monumental reloj de caoba y bronces en forma de templete, con órgano de flautas –cobijado en la base– y esculturas en alabastro: la principal representa a *Cronos soportando la esfera celeste.* El diseño se atribuye a J. D. Dugourc. Es la última obra (1799) del relojero Louis Godon, notable proveedor de objetos parisinos de decoración para Carlos IV.

"El número de salones de ceremonia es interminable y todos con sus bóvedas muy bien pintadas. La mayor parte de los mejores cuadros que adornaban sus paredes están ahora en el Museo, sin embargo. No puedo decirte nada más sobre el interior, puesto que actualmente está en él la Reina..."
ANÓNIMO: *Spain, Tangier, etc., visited in 1840 and 1841.* By X Y.Z. Londres. 1845.

Cámara de Carlos III, llamada de Gasparini

La Cámara era la pieza donde el Rey se vestía y recibía las audiencias reservadas. No debe extrañar por tanto el primor con que Carlos III quiso decorarla, encargando los diseños, para todos y cada uno de los elementos, a su pintor de Cámara Matías Gasparini, a quien había hecho venir con él de Nápoles: es lógico que el nombre del artista sirva para denominar esta Sala de Palacio desde tiempos de Fernando VII, porque el suelo de mármoles, la bóveda de estuco, la colgadura bordada en seda e hilos de oro y plata, los muebles de maderas preciosas y bronces, todo fue diseñado por Gasparini, que dirigió hasta su muerte esta obra cumbre del *barochetto,* continuada bajo la supervisión de su viuda e hijo y de su sucesor en el cargo de "adornista de Cámara", G. B. Ferroni.

Realizada por artífices italianos y ebanistas alemanes, esta habitación tiene de madrileño el que aquí la encargó quien había

La ceremonia de la "cobertura" de un Grande de España.

"Celébrase en la Antecámara, cual todos los actos de señalada etiqueta... mientras los Grandes que han de cubrirse aguardan su turno, acompañados de sus padrinos, en la Saleta, y en la Antecámara esperan Damas y Grandes cubiertos invitados, ábrese la mampara que da acceso a la Cámara, apareciendo Su Majestad seguida de su alta servidumbre y, tras de la grave reverencia cortesana, siéntase... y dirigiéndose a las Damas que están a su derecha, dice: *sentaos*, y a los Grandes, que están a su izquierda: *cubríos*... Entra en la regia estancia el agraciado, al que conduce, tomándole la diestra mano, su padrino, llevándole de la siniestra el Mayordomo de semana. A su entrada levántanse las Damas y se descubren los Grandes; el neófito y sus acompañantes hacen, a los dos pasos de la puerta, la primera reverencia a Su Majestad, en el centro del salón la segunda y ya cerca de la Real Persona la tercera. Retirados padrino y mayordomo, dice la Reina: *Cubríos y hablad*... (en este punto había matices según la clase de grandeza) luego descúbrese y, doblando la rodilla, besa la Real mano..."
Guía Palaciana, N° 31, Madrid, 1900.

Cámara de Carlos III, o Salón de Gasparini. Detalle.

Cámara de Carlos III. Detalle de la colgadura bordada.
Mattia Gasparini y equipo.

sido rey de Nápoles, porque en realidad es obra internacional y una de las más perfectas del barroco tardío europeo. Brilla en su máximo esplendor la ornamentación vegetal y asimétrica del Rococó, cargada de fantasía exótica de inspiración chinesca. No puede dejar de admirarse su magnificencia, pero para encontrarle el gusto y

Cámara de Carlos III. Detalle de la sillería de maderas finas, bronces y tapicería bordada según diseños de Mattia Gasparini.

perderse con alegría en sus arabescos riquísimos es preciso olvidar a Goya y a Mengs, huyendo al mundo de ensueño que sugiere también el Salón del Trono.

Maria Luisa de Parma, vestida de Corte. *Francisco de Goya.*

Este conjunto decorativo se conserva íntegro, y desde luego más completo que cuando pudieron verlo su artífice y el Monarca que lo encargó, pues la realización de tanto trabajo llevó años: como la colgadura bordada no se terminó hasta 1802, catorce años después de morir Carlos III, durante aquel reinado las paredes estaban cubiertas en invierno con tapices de la Real Fábrica –sobre cartones de Antonio González Velázquez, según el estilo de David Teniers, a quien tan aficionado era el Rey–, y en verano con obras de Diego Velázquez, tales como *La Fragua de Vulcano, Las Hilanderas* y *Los Borrachos*, además de "Murillos", "Riberas" y "Ticianos". Como al Rey le gustaba mucho Mengs se puso aquí el último cuadro de aquel pintor, *La Anunciación*, que ahora está en la Real Capilla.

Se debe también a Gasparini el diseño de la caja del pequeño reloj inglés –de Martineau– que está sobre la consola entre los balcones. Mucho más importante, tanto por su bella caja estilo Luis XV como por su compleja maquinaria con música y autómatas, es el *reloj del pastor*, construído por Jacques Droz en Suiza y adquirido por Fernando VI en 1756.

La colgadura bordada no se ubicó hasta 1815. Alfonso XII la hizo restaurar en 1879, y desde entonces se encuentran guardadas las cortinas, igualmente bordadas, que cubrían puertas y ventanas. En la última gran campaña de restauración se ha pasado el bordado a un fondo nuevo de seda.

Cámara de Carlos III o Salón de Gasparini.

Estucos chinescos. *Gennaro de Matteis y otros, según diseños de Mattia Gasparini.*

Detalle de un friso que procede de los "gabinetes de maderas de Indias" de Carlos III.

Salvo la magnífica sillería de maderas finas y bronces, ningún elemento del mobiliario corresponde al conjunto de Gasparini. De la época de Carlos IV son las excelentes consolas, con bronces de Domingo Urquiza y ebanistería del taller real, y los candelabros franceses, entre los que destacan los de gusto "etrusco" en porcelana y bronce. La espléndida araña es la de mayor contenido simbólico entre las muchas encargadas por Fernando VII. Lleva sus cifras y las de su tercera esposa María Josefa Amalia de Sajonia. La mesa corresponde ya al período isabelino. Fue diseñada y realizada en Roma por Gerardo Volponi y Guglielmo Chidel, bajo la dirección de Filippo Agricola en 1848.

Tres pequeñas habitaciones inmediatas que no se visitan eran los despachos de Carlos III, llamados "gabinetes de maderas de Indias", a causa de la rica decoración, también dirigida por Gasparini, y que luego fue desmontada e instalada en otras habitaciones del Palacio. Fernando VII, que tuvo también en ellos su despacho o *camarilla,* hizo pintar sus bóvedas al fresco por Luis López.

"Tranvía" de Carlos III

Esta habitación recibió su disposición actual en 1880, cuando se trató de hacer más fluído el paso entre Gasparini y el nuevo Comedor de Gala; de entonces es también su nombre, que alude a su forma estrecha y larga. Hasta entonces había aquí dos piezas: una que servía sólo de paso, como ahora, muy pequeña pero materialmente cubierta de cuadros en los reinados de Carlos III y Carlos IV, y abarrotada de muebles en el de Isabel II; la otra, la

Cámara de Carlos III o Salón de Gasparini. Detalle de los estucos chinescos, en la bóveda, y de la colgadura bordada.

Un visitante suelto.
"Ninguna puerta estaba cerrada, y así entré desde el Salón del Trono hasta el dormitorio del viejo Rey (Carlos III). [...] En esta sala y en todas las demás que atravesé, sin excepción, había jaulas de alambre dorado de formas y tamaños diferentes, y en cada una un pájaro exótico de lo más curioso cantando a voz en cuello, cada uno intentando tapar el canto de su vecino. Mezclado con los trinos se distinguía a intervalos la sonería de los relojes de música que acariciaban los oídos con tonos de vasos armónicos. Ningún otro sonido rompía la tranquilidad general salvo, desde luego, los pasos casi inaudibles de muchos criados ancianos, con trajes de Corte al gusto de los tiempos de la reina madre, Isabel de Farnesio, y que se deslizaban con calma y atención para abrir las jaulas. [...] Me aproveché de la luz que se reflejaba de la límpida puesta de sol para examinar las pinturas, sobre todo de tema sagrado, con las que está decorado este apartamento. [...] Permanecí largo tiempo quieto en contemplación [...] hasta que las sombras de la noche que se aproximaba llenaron los rincones de las vastas salas. [...] Había cesado el canto de los pájaros, así como el suave diapasón de las músicas automáticas, todo estaba en reposo y tranquilo".
William BECKFORD: *Italy, with sketches of Spain and Portugat..,* (1787). Londres, 1834.

más interior y más amplia, era el Oratorio de Carlos III, al que se entraba por la Cámara. Diseñado por Sabatini, sus paredes estaban ricamente cubiertas con mármol verde de Lanjarón y bronces dorados labrados en 1767-1768 por Urquiza, Vendetti y Beya; la bóveda con estucos, por Bernardino Rusca; el altar mayor era un fresco de Mengs, *La Adoración de los pastores*. Otros oratorios semejantes, diseñados y construidos por Sabatini con similar riqueza, también fueron desmontados a finales del siglo XIX. Estos espacios destinados a la devoción de la mañana y de la noche eran importantes en la vida cotidiana de las personas reales.

Ahora hay aquí dos consolas de hacia 1780 cuyo diseño se atribuye a Sabatini; dos retratos, Francisco de Portugal, atribuido a Ranc, y *Jacobo (III) Stuart*, atribuido a Francisco Trevisani; y un cartón para tapiz, *La caza del jabalí,* de Francisco de Goya. En la campaña de restauración de 1991 se puso nueva la tela que tapiza las paredes de esta Sala, y se fabricó *ex profeso* con las cifras de Don Juan Carlos y Dona Sofía.

Salón de Carlos III

Ya en los primeros planes para la distribución de las habitaciones reales esta Sala estaba destinada a dormitorio, y efectivamente lo fue de Carlos III desde 1764 hasta el 13 de diciembre de 1788, cuando murió aquí. Nada subsiste del mobiliario de entonces, que había sido dirigido por Sabatini, y en el que destacaban los tapices, la sillería tallada y dorada por Chiani y Balce y los riquísimos bronces de la chimenea por Vendetti. Las pinturas, sobre la Pasión de Cristo, eran

Detalle de la Alegoría de La institución de la Orden de CarlosIII. *Vicente López.*

todas de Mengs: cuatro sobre las puertas y un gran *Descendimiento* donde ahora está el retrato de *Carlos III,* por Mariano Salvador Maella, en el que el Monarca ilustrado viste el hábito de ceremonia de la Orden honorífica que había fundado para condecorar el mérito, y a la que había dado su nombre, poniéndola bajo el patrocinio de la Inmaculada Concepción de la Virgen, de la que era muy devoto. De hecho el aspecto actual de esta Sala es una especie de santuario dedicado a Carlos III, y a su Orden, por su nieto Fernando VII, como expresa la inscripción latina en la bóveda: "A Carlos III, Monarca religiosísimo, instituyendo la Orden española bajo la protección de la Virgen Inmaculada / Para premiar la virtud y el mérito / En el techo mismo bajo el cual pasó a mejor vida y a recibir recompensa mayor y celeste de su virtud y de su mérito / Quiso su nieto Fernando VII que se le pintara en el año 1828". Fernando VII, que había utilizado esta Sala también como dormitorio cuando era Príncipe, hizo de ella su "pieza de vestir" siendo Rey.

El mobiliario de madera blanca y dorada es típicamente fernandino; la elegante nueva chimenea neoclásica de orden jónico en mármol blanco, rosado y verde, parece ser italiana. También fernandina es la colgadura de gro azul con motivos superpuestos blancos alusivos a la Orden: bandas, estrellas, castillos, leones y cifras de Carlos III; es la original, salvo el fondo de seda azul que ha sido repuesto en dos ocasiones, la primera en el reinado de Alfonso XII y la segunda en la restauración de 1986.

Además del efecto de conjunto, lo más notable de esta campaña decorativa es la pintura al fresco en la bóveda, donde Vicente López

"Pekín", tela china del siglo XVIII con la que se tapizaban los dormitorios y gabinetes reales en verano.

Salón de Carlos III.

"En cuanto a su interior, es un mundo de maravillas: todo lo que puede haber de más rico y de más variado en muebles de todo tipo en colgaduras magníficas, en cortinajes suntuosos, decoran los cuartos y las vastas salas de paredes estucadas o brillantemente recubiertas con fina porcelana; la púrpura, el oro, el mármol, el cristal parecen rivalizar para reflejar la luz contra mil objetos diferentes y hacen resaltar las estupendas pinturas en las que los mejores maestros han sabido animar esta grandiosa residencia de los Reyes de España con los temas más diversos tomados de la Mitología, de la Religión y de la Historia, llegando a veces a producir una plena ilusión". MATHIEU A: *L'Espagne, lettres d'un Français à un ami*. Madrid, 1887.

Carlos III. *Mariano Salvador Maella*.

representó *La Institución de la Orden de Carlos III*: el Rey, revestido de gran gala y con todas las insignias propias de la soberanía, está arrodillado ante la Inmaculada. Junto al altar están las personificaciones de la Religión, la Piedad, la Gratitud, la Monarquía Española, la Felicidad Pública y el Placer. Sobre la pared meridional, es decir sobre la chimenea, figuran la Nobleza, el Honor, el Mérito y la Virtud; y sobre la opuesta, una alegoría de los beneficios de la Paz, a la que acompañan "la noble Agricultura" y varios niños que arrojan armas a un abismo llameante, al que se suma también el dragón de la Discordia, mientras huyen el Mal y la Rebelión. Sobre los balcones, la Historia, el Tiempo y la Fama. La decoración de estuco en la sobrecornisa, por José Tomás y José Ginés, complementa la del fresco: en los ángulos, sostenidos por genios, hay cuatro diversos emblemas alusivos al Rey; y en los medios, tres relieves referidos a la fundación de la Orden y sus fines.

Fernando VII mantuvo en sus emplazamientos originales los cuadros de Mengs, y adornó esta pieza de vestir suya con muebles que ya no están aquí tampoco, pues las consolas y los espejos fernandinos fueron sustituidos bajo Alfonso XIII por los actuales, que son de estilo Rococó y por tanto anteriores. De la enorme profusión de objetos decorativos de bronce que hubo aquí se mantienen en su lugar dos piezas extraordinarias: la araña en forma de *flor de lis,* símbolo heráldico de los Borbones, comprada en París hacia 1825 por orden de Fernando VII para esta Sala; y el ánfora (hacia 1800), de bronce dorado y pavonado, con reloj y autómatas por J. F. De Belle, también parisino.

Gabinete de Porcelana.

Detalle del Gabinete de Porcelana.

Aunque no se colocó aquí hasta el reinado de Isabel II –que por lo demás respetó íntegramente la decoración fernandina de esta Sala–, también data del reinado de Fernando VII el suntuoso *Velador de la coronación de Carlos X (1825),* en bronce y pocelana de Sèvres, regalo de Monarca francés al español.

Gabinete de Porcelana

Animado por su esposa, que era sajona, Carlos III había creado junto a Nápoles la famosa Fábrica de Porcelana de Capodimonte, cuyos operarios y materiales mandó traer con él a Madrid en 1760, estableciendo la Real Fábrica del Buen Retiro. Quiso tener en sus palacios españoles algún gabinete de porcelana como el del palacio de Portici, y empezó por el de Aranjuez. Sólo una vez acabado éste, a partir de 1765, se inició la fabricación de otro "Gabinete de China"

Sala Amarilla.

El arte de la pintura.
Carlos III quiso que las bóvedas fuesen decoradas por los mejores fresquistas: contando ya con Giaquinto, llamó a Mengs y a Tiépolo. "Puede suponerse que la emulación los ha hecho superarse. Para mi gusto, la invención de Corrado es más agradable y variada que la de los demás, pero Mengs es, con mucho, el mejor pintor puesto que su inventiva no es menor que la de Corrado, su dibujo mucho más correcto y su colorido casi mágico. El Rey le considera el mejor pintor de nuestra época, y, puesto que Su Majestad está acostumbrado a vivir desde su infancia en apartamentos decorados con las mejores pinturas, esta opinión tiene bastante peso... Otras de estas bóvedas han de ser decoradas con escultura, estuco y dorado, y otras aun con ornamentaciones diferentes. Pero como digo, reina ahora en la obra el mayor de los ajetreos y nada está acabado del todo. [...]
Pero además del rico mobiliario destinado a los Cuartos de las personas reales, y del cual hay algunas piezas ya colocadas, el Rey posee una colección inmensa de pinturas italianas y flamencas de las que se piensa colocar una parte en estos apartamentos... Esperemos que cuando el Palacio esté perfectamente acabado y decorado, el Rey ordene hacer un catálogo y una descripción de ellas junto con las plantas y los alzados de tan magnífica fábrica, para mayor adelantamiento de las Bellas Artes y satisfacción de quienes las aman".
Joseph BARETTI: *Journey from London to Genoa, through England, Portugal, Spain and France* (en 1760). Londres, 1770.

para el Palacio de Madrid, terminado de instalar en 1771.
La obra de porcelana se debe al mismo equipo dirigido por José Gricci y Cayetano Scheppers, pero se ha señalado siempre el radical cambio de gusto que puede advertirse entre ambas salas: frente a las formas y temas chinescos de Aranjuez, ligada directamente a la de Portici diseñado por Natali, la de Madrid adopta unas formas tardobarrocas clasicistas que, en general, han sido menos apreciadas que el abierto Rococó de la otra.
El diseño está próximo al gusto de Ferroni, pero desconocemos a quién se debe en realidad. Se han invocado los nombres de los pintores Juan Bautista de la Torre y Jenaro Boltri, asalariados de la Fábrica. Los espléndidos jarrones en porcelana y bronce son también del Buen Retiro pero de gusto bien diferente al de las paredes, pues son ya de la época de Carlos IV, como las consolas sobre las que están, de madera tallada y pintada.

Sala Amarilla. Sécretaire. *Forestier y Thomire, hacia 1790.*

Sala Amarilla. Paño de tapicería que adornaba el dormitorio de Carlos III.

Sala Amarilla

Esta Sala debe su nombre –y el de *Pieza de coronas* que recibía en el siglo XIX– a la colgadura que hizo poner Fernando VII; ahora cubren las paredes varios paños de la tapicería tejida en la Real Fábrica sobre cartones de José del Castillo, y bajo la dirección de Francisco Sabatini, para el dormitorio de Carlos III, y que además de cubrir las paredes incluía las cortinas de las puertas y balcones, las de la cama y su colcha, y los asientos y otras piezas del mobiliario, como las dos caras de la pantalla de la chimenea, que aquí están haciendo función de sobrepuertas. La seda amarilla que encuadra los paños se ha renovado en 1995.

Al comienzo del reinado de Carlos III, esta Pieza estaba pensada como Gabinete de la Reina, a la que aludía el tema del fresco pintado por Gian Doménico Tiépolo, *Juno en su carro*. A partir de 1766 quedó al servicio de Carlos III, que lo abarrotó de cuadros de Teniers y

Velador-reloj, según diseños de J. D. Dugourc.

Brueghel, y buenos retratos pequeños de Van Dyck y Velázquez. De aquel periodo subsiste el zócalo de marquetería de maderas finas realizado por los ebanistas alemanes del taller dirigido por Gasparini.

Fernando VII dispuso aquí su dormitorio. Mandó que se borrase el fresco de Tiépolo y que Luis López pintase uno nuevo, cuyo tema obedece al nuevo destino de la habitación: Juno, montada sobre su carro dorado tirado por pavos reales, se dirige, acompañada por Himeneo, al lugar donde duerme el Sueño.

Los muebles franceses aquí reunidos son de los más notables de Palacio, y fueron diseñados por Jean-Demosthène Dugourc, decorador importante que trabajó mucho para Carlos IV, primero en Francia y luego en Madrid, con la realización de obras que marcan la transición entre el gusto Luis XVI y el estilo Imperio. Todavía dentro del primero encajan la cómoda y el *secrétaire* realizados hacia 1790 por Forestier y Thomire. Los demás muebles son piezas características del "estilo etrusco", género en el que Dugourc fue pionero, y precursor del estilo Imperio. El riquísimo velador, inspirado en piezas de mobiliario halladas en Pompeya y Herculano, contiene un reloj horizontal realizado por Godon con cinco círculos que indican horas, meses, calendario y semanario. Los seis sillones siguen también modelos arqueológicos que nada tienen de españoles, pese a la semejanza de su respaldo con una peineta; son parte de los realizados para las habitaciones de la reina María Luisa en el Palacio de Aranjuez. También de hacia 1800, pero madrileños, son la alfombra de la Real Fábrica, los dos jarrones del Buen Retiro y el reloj sobre la cómoda, firmado por Manuel Gutiérrez. La lámpara es fernandina –aunque no la que estaba aqui entonces– al igual que los candelabros; los apliques, del reinado de Isabel II, cuando el rey consorte don Francisco de Asís tenía aquí su pieza de vestir. Desde Alfonso XII sirve como pieza de estar y de paso al Comedor de Gala.

Cuarto de la Reina: el Comedor de Gala y salones adyacentes

Comedor de Gala

El gran salón para bailes y comidas de gala nos sorprende con su longitud, pues es el resultado de haber unido los tres centrales de la fachada de Poniente. Estas tres salas, y las otras tres interiores que corresponden con ellas y reciben luz del patio principal, formaban durante el reinado de Carlos III el Cuarto de la Reina, que nunca llegó a ocupar la esposa de aquel Monarca, fallecida en 1760 antes de que el Palacio estuviera habitable, sino por la reina madre Isabel de Farnesio. Las salas que dan a la galería servían como antecámaras; desde la última de ellas se entraba en la sala para comer y besamanos, que corresponde al tramo más alejado de la puerta por donde accedemos; el espacio central era la *cámara,* y el más cercano a las habitaciones del Rey el *dormitorio,* disposición lógicamente pensada

"El besamanos es una función terriblemente ajetreada y trabajosa: consiste literalmente en lo que su nombre indica, y no sólo besan la real mano quienes esperan para ello, sino todo elemento palaciego, hasta los porteros y los pinches..."
Mrs. William PITT BYRNE: *Cosas de España. Illustrative of Spain and the Spaniards as they are*. Londres, 1866.

Comedor de Gala.

para que los cuartos de los regios esposos quedaran unidos por lo más íntimo.

Ocupado luego por la infanta María Josefa y por la Princesa de Asturias, este Cuarto volvió a ser utilizado por la Reina durante el reinado de Fernando VII, que mandó hacer importantes obras de reforma y decoración. Bajo Isabel II lo ocupó el rey consorte don Francisco de Asís, pero cuando, tras la Primera República, la Restauración devolvió el trono a los Borbones, Alfonso XII quiso tener en Palacio, en lugar de tantos cuartos con salas grandes y medianas y gabinetes pequeños, un gran salón donde se pudieran ofrecer banquetes de gala a más de un centenar de personas. Por tanto en 1879 encargó a su arquitecto José Segundo de Lema que uniese estas tres salas apeando los muros transversales sobre arcos rebajados, de manera que tanto la estructura como la decoración de las bóvedas quedasen intactas. Las obras no finalizaron hasta 1885.

El arquitecto consiguió dar coherencia a un espacio claramente seccionado en tres partes y donde la decoración de los techos es dieciochesca, mientras que en las paredes la influencia del gusto

Frutero francés. Siglo XIX. Cristalería de Fernando VII.

Fresco de la bóveda central del Comedor de Gala: Colón ofreciendo el Nuevo Mundo a los Reyes Católicos. *Antonio González Velázquez.*

neobarroco francés contemporáneo es evidente no sólo en el diseño, en el que se amalgaman detalles de procedencia diversa y sobre todo Luis XVI, sino en los materiales, pues las columnas son de mármol de Bagnéres y la mayor parte de la obra de bronce se realizó en París, incluyendo las quince arañas y los diez apliques. También son parisinas las ciento cuarenta y cuatro sillas que acogen a los comensales cuando estos alcanzan el número máximo; la mesa nunca se pensó sino como un armazón sin valor como mueble, desmontable para que la Sala pudiese servir asimismo para bailes.

En cuanto a la decoración de las paredes se optó por una solución muy propia del gusto historicista de la época, cubriendo los espacios libres con tapices de la Colección real, parte de la serie llamada de *Vertumno y Pomona*, tejida a finales del siglo XVI en Bruselas por Pannemaker, sobre cartones de Vermeyer. Completan la decoración del salón alfonsino doce grandes *tibores* chinos del siglo XVIII, y varios grandes jarrones franceses del siglo XIX, de bronce dorado y porcelana de la manufactura de Sèvres situados en los huecos de los balcones: seis que forman serie con escenas históricas relativas a reyes de Francia

Fresco de la bóveda central del Comedor de Gala: Boabdil entregando las llaves de Granada a los Reyes Católicos. *Francisco Bayeu*.

y España, pintados por Lachassagne y Renaud (1830) y los otros dos, ya de mediados del siglo, con paisajes, que son los colocados en el primer balcón y en el último.

Para concluir, veamos los frescos que se pintaron para decorar este Cuarto de la Reina antes de la creación del Comedor. En el primer tramo, donde estaba el dormitorio, el fresco se debe a Mengs y representa *La Aurora*. En 1880 se destruyeron los estucos originales y otras escenas del mismo pintor que había también en el techo, y representaban los *cuatro momentos del día* alrededor de la escena central, porque se copió la decoración de estuco de Sabatini, tal y como está en la bóveda al otro extremo del comedor, con el fin de que guardase simetría. También desapareció el friso pintado en la parte alta de los muros por Langlois y Alejandro González Velázquez. Fernando VII la había hecho decorar ostentosamente "a la turca" como "gran gabinete de la Reina", con rica colgadura de damasco verde.

El fresco de la bóveda central que correspondía a la Cámara de la Reina es de Antonio González Velázquez y representa a *Colón*

La ceremonia de la toma de almohada por las señoras Grandes de España era prácticamente igual a la cobertura de los Grandes, salvo por el símbolo de su rango: sentarse ante la Reina, mientras que las demás señoras permanecían de pie. "Se colocan las Damas a la derecha (de la Reina) y tienen la almohada delante para sentarse cuando así se les prevenga... Su Majestad dice a las Damas: sentaos; a los Grandes: cubríos... Entra la que ha de tomar la almohada, llevando a su derecha la madrina, que la conduce por la mano. A los dos pasos de haber entrado hacen una cortesia a Su Majestad; al medio del salón otra, saludando después a las Damas y a los Grandes, quienes se han levantado de la almohada y se han quitado el sombrero desde que aparecen en la puerta los que se presentan a la ceremonia. Su Majestad dice a la agraciada: *Sentaos*... [tras] breve conferencia se levanta la agraciada, besa la Real mano y, otra vez en compañía de su madrina, que viene de nuevo a buscarla, saluda a Su Majestad, luego a las demás Señoras y, por último, toma asiento en el primer (almohadón) de los que están desocupados... Al finalizar el acto las Damas se ponen en pie y Su Majestad recorre el circulo..." Hasta bien entrado el siglo XVIII las mujeres en España seguían sentándose sobre un almohadón en el suelo, según la costumbre morisca, que en el XIX ya se habia perdido: "(La risa estalla así a veces), reprimida en no pocas ocasiones por respeto a la majestad, y originada por las dificultades que algunas Señoras experimentan al sentarse y levantarse, y que son contrarias a la seriedad de la ceremonia... habiendo precisión de recurrir al auxilio mutuo que hoy se prestan ..."
Guía Palaciana, N° 12, Madrid, 1898.

ofreciendo el Nuevo Mundo a los Reyes Católicos, con cuatro medallones en claroscuro que representan a México, Perú, Chile y Filipinas. Fernando VII, en 1818, dispuso una gran campaña decorativa con el fin de convertir esta Sala en el "Gran tocador" de la nueva reina, su segunda esposa María Isabel de Braganza: las piezas fundamentales, aparte de notables muebles Imperio y una suntuosa colgadura de seda naranja, eran los seis cuadros pintados al claroscuro en las sobrepuertas, uno de ellos por Goya, dos por Vicente López y los tres restantes por Zacarías G. Velázquez, Aparicio y Camarón. La presencia de la obra de Goya y el sentido de conjunto daban a este Salón una importancia extraordinaria.

Se debe a Francisco Bayeu el fresco en la última bóveda, que correspondía a la "tercera antecámara" o "pieza de comer y besamanos" de la Reina, y representa a *Boabdil entregando las llaves de Granada a los Reyes Católicos.* Es interesante que, evadiéndose del terreno mitológico y alegórico que domina en el resto de las bóvedas de Palacio, se optase por la Historia como tema en las del Cuarto de la Reina, acudiendo a la figura de Isabel la Católica, en dos de sus actos más destacados, como referencia y modelo obligado de cualquier Soberana española. Durante el reinado de Fernando VII esta Sala era la llamada Oratorio de la Reina, y bajo Isabel II, cuando cumplía idéntica función para el Rey consorte, estaba aquí el gran diván circular actualmente en la Saleta de Carlos III.

Sala Plateresca

Bajo Carlos III era la primera antecámara de la Reina. Al hacer el Comedor, Lema también reformó las tres salas que hay entre éste y el patio principal para que sirvieran como espacios de desahogo, servicio y tránsito: derribó todos los tabiques y techos con que habían sido divididas en piezas más pequeñas durante los Reinados de Carlos III y Carlos IV, devolviéndolas a sus dimensiones originales, y decoró la central con pilastras y otros elementos arquitectónicos con motivos del arte "plateresco" español, tallados por Manuel Genné. Dentro del gusto por el empleo de los estilos históricos, esta ornamentación es muy curiosa por lo temprano que resulta el empleo de tal repertorio renacentista nacional en lugar de las formas italianas del Quattrocento. La intención era dorar el fondo de la talla para que ésta resaltase pero finalmente todo quedó en blanco e incluso, junto a una puerta, se dejó una muestra de cómo hubiera resultado el conjunto barnizado y con la talla dorada. Esta brusca interrupción se explica por la muerte de Alfonso XII en 1885.

En tiempos de Alfonso XIII esta Sala se utilizaba para la proyección de películas ante la Familia Real. Actualmente se expone aquí un importante centro de mesa o *dessert* florentino de

Relicario de la Real Capilla.

Dibujo preparatorio para una de las pilastras de la Sala Plateresca. José Segundo de Lema. A.G.P.

la segunda mitad del siglo XVIII, ampliado en el taller de piedras duras del Buen Retiro durante el Reinado de Carlos IV, y una selección de las más importantes medallas de la colección custodiada en la Real Biblioteca, en seis vitrinas, desde Felipe V a la actualidad.

Sala de la plata

Ésta fue la segunda antecámara de la Reina; como en la anterior y en la siguiente, las reformas de Carlos IV y Fernando VII hicieron que

Fresco de la bóveda de la Sala de los Stradivarius: La Benignidad acompañada por las cuatro virtudes cardinales. *Antonio González Velázquez.*

se perdiese la pintura al fresco en la bóveda, y también fue devuelta en 1880 a sus dimensiones originales por Lema, que instaló el elegante zócalo de madera y mármoles. Ahora se exhibe aquí una selección de la platería civil utilizada por la Familia Real. José Bonaparte hizo fundir toda la anterior para atender a las necesidades de la guerra, y así se perdieron las riquísimas vajillas reales dieciochescas de plata. Las que existen son del siglo XIX.

Entre las expuestas, destacan las realizadas en la madrileña Fábrica de Platería de Martínez por encargo de Fernando VII para el Tocador de la reina María Isabel de Braganza, además de muchas otras piezas isabelinas y alfonsinas, no especificadas porque las cartelas las explican sobradamente bien. La platería religiosa está en el Relicario y en la adjunta cámara fuerte de la Real Capilla, ahora no visitables.

Cuarto del infante don Luis

Las tres salas siguientes del recorrido eran las primeras del Cuarto que, desde 1764 hasta su destierro de la Corte, ocupó el infante don Luis, hermano de Carlos III, y desde 1785 el infante don Gabriel. Bajo

Cuarteto de viola, violoncello y dos violines Antonio Stradivarius.

Isabel II estaba destinado a los duques de Montpensier, y en tiempos de Alfonso XII y Alfonso XIII a la infanta Isabel, "la Chata".

En la primera antecámara se exhibe una selección de las vajillas reales de porcelana. Aquí había una pintura al fresco que desapareció a causa de las reformas fernandinas: *El poder de España en las cuatro partes del Mundo*, atribuido por Fabre a Luis González Velázquez. Durante el Reinado de Alfonso XII era la Saleta de la infanta Isabel, y de entonces data la pintura actual del techo por los escenógrafos Busato y Bonardi.

Antecámara, o Sala de los Stradivarius

Aquí se expone el cuarteto –viola, violoncello y dos violines– realizado por el celebérrimo luthier de Cremona Antonio Stradivarius para el Rey de España, y adquirido por Carlos IV, y otro violoncello del mismo artífice. En el centro de la Sala, modelo en bronce del monumento a *Isabel la Católica*, por Manuel Oms, inaugurado en el Paseo de la Castellana de Madrid en 1883.

La bóveda conserva la decoración de estuco y pintura de la época de Carlos III; el fresco representa *La Benignidad acompañada por las cuatro virtudes cardinales* y se debe a uno de los hermanos González Velázquez (Antonio, según Ponz y Ceán, o su hermano Luis, según Fabre), discípulos de Giaquinto. Entonces esta Sala era la de comer y besamanos del infante don Luis, y a partir de 1785 del infante don Gabriel, que dispuso aquí los mejores cuadros de su colección. Bajo Fernando VII era la pieza de comer de la Reina, y luego antecámara de Montpensier y de la infanta Isabel. El pavimento de mármoles es de la época de Carlos III y se trasladó

El pueblo en Palacio.
Sólo en ocasiones extraordinarias entraba el pueblo en las habitaciones reales, por ejemplo cuando se exponían los cadáveres de las personas reales:
"Tras abrirnos paso entre la densa multitud que rodeaba la entrada [...] Se nos dejó pasar en calidad de extranjeros sin guardar cola junto a la multitud de manolas y majos [...] Se nos asignó un alabardero para que nos acompañase y a su presencia se formó de inmediato fila, de modo que pasamos sin problemas por una gran escalera de piedra y a través de una galería donde había una de las más apretadas aglomeraciones humanas que haya experimentado yo nunca. Por último, llegamos ante una estrecha puerta donde la concurrencia era aún mayor [...] Por fin llegamos a la cámara mortuoria. En una gran cama de cuatro columnas yacía el Príncipe de Asturias, embalsamado y metido en un ataúd de cristal. La guardia de Palacio estaba dispuesta a lo largo de las paredes, vestida con un hermoso uniforme algo parecido al de la *Garde Française*, de azul con vueltas rojas [...] Sacerdotes magníficamente revestidos estaban de pie junto al cuerpo del real cadáver [...] pero no tuvimos mucho tiempo para examinarlo todo, pues los españoles atropellándose iban pasando, y se esperaba de nosotros que hiciéramos lo mismo para dejar lugar a las muchas personas que deseaban ver el cadáver".
H. Drummond WOLFF *Madrilenia; or Pictures of Spanish Life*. Londres, 1851.

Detalle del fresco de la Cámara del infante don Luis: La Providencia. *Francisco Bayeu.*

desde la sala inmediata al crearse el Comedor de Gala, en 1880, fecha a la que correspondía también el papel pintado que acaba de ser repuesto.

Cámara del infante don Luis

La bóveda está admirablemente pintada al fresco por Francisco Bayeu, que se acerca mucho a las calidades de su maestro Mengs en esta obra, la mejor de las que llevó a cabo en Palacio *La Providencia presidiendo las virtudes y las facultades del hombre*. El papel pintado es nuevo, pero imita un modelo fernandino.

Aquí se exponen algunos instrumentos musicales de los siglos XVIII y XIX, entre los que destacan los pianos verticales cuya forma imita la de librerías, construidos para Carlos IV por Francisco Fernández (1805) y por Francisco Flórez (1807). El realizado por este último está decorado primorosamente con bronces, maderas finas y cristal pintado; dos pianos para niños, uno obra de Lesieur y otro de Rodrigo Ten (1918); varias guitarras de principios del siglo XIX; y dos arpas de Erard (1861). El *stipo* italiano sigue los modelos florentinos típicos del siglo XVII, pero parece más bien milanés del XIX.

Plato con Vista de Burgos, *de la vajilla de paisajes. Boin.*

Las demás habitaciones de este cuarto, que son pequeñas y cuyos balcones dan al Parque y a los jardines, no son visitables; hay en ellas varios techos al fresco por González Velázquez, Maella, Bayeu y otros, pero entre todos destaca uno encantador pintado por Gian Domenico y Lorenzo Tiépolo, con pájaros de todo tipo.

Pieza de la vajilla de Felipe V. Compañía de las Indias.

Sala de vajillas

Aquí podemos admirar importantes vajillas como la de Felipe V, de la Compañía de Indias; la de Carlos III, de Meissen (1738); y la de los príncipes de Asturias Carlos y María Luisa, fabricada en Sèvres (1776). Consuela de la pérdida de muchas de estas piezas dieciochescas la abundancia de las encargadas por Fernando VII e Isabel II a París, especialmente la vajilla llamada de *paisajes,* de la manufactura parisina de Boin au Palais Royal.

Galería Principal

El amplio corredor que da la vuelta al patio al nivel de esta planta principal permitía entrar al cuarto de cada persona real por su

Patio principal de Palacio.

respectiva sala de guardias o antecámara, de modo que era la arteria principal para la circulación de los cortesanos; era accesible también por las dos escaleras generales para subir a los pisos altos, llamadas de Cáceres y de Damas, y que están en los ángulos noroeste y noreste.

La arquitectura de la galería está tal y como la concibió Sacchetti, salvo que en su proyecto los grandes ventanales hubieran quedado divididos con jambas y dinteles de piedra. Carlos III ordenó a Sabatini que los cerrase sencillamente con grandes bastidores de hierro como lo vemos ahora. También mandó que no se colocasen la serie de relieves de temática política, militar, científica y religiosa que el padre Sarmiento había dispuesto situar en los marcos mixtilíneos que adornan las sobreventanas; los que llegaron a realizarse están ahora en el Museo del Prado o depositados en la Academia de San Fernando.

"...la magnífica colección de tapices flamencos con los que se decora en los días señalados la galería del patio en el primer piso..."
A. GERMOND DE LAVIGNE: *Itineraire descriptif, historique et littéraire de Madrid*... París, 1859.

El emperador Honorio. *Giandomenico Olivieri.*

Galería principal.

"La galería que rodea el patio, pavimentada con mármol, (está) siempre llena de grupos de guardias y alabarderos de servicio y con gentes en traje de Corte que van a presentarse al Soberano. Esta galería da acceso a los apartamentos de las diferentes personas de la Familia Real, la capilla y la sala de audiencias". Alexander Slidell MACKENZIE: *A year in Spain, by a young American*. Londres, 1831.

"Las puertas de una antecámara abovedada se abrieron, y después de atravesar una hilera de salones llenos de damas de honor y pajes, algunos de los cuales no eran más que niños, entramos en una elevada cámara cuyas paredes estaban cubiertas con satén blanco dividido en compartimientos por un rico bordado de oro y de seda de colores, e iluminada por una araña de cristal de roca..."
William BECKFORD: *Italy; with sketches of Spain and Pórtugal...* (1787) Londres, 1834.

Por cualquiera de los ventanales podemos contemplar la noble arquitectura del patio, cuadrado, ligeramente desplazado hacia el norte dentro del cuadro de Palacio, porque el arquitecto concibió desde el principio la crujía sur más ancha con el fin de albergar la escalera principal y la Capilla, que en el antiguo Alcázar estaban entre los dos patios del Rey y de la Reina. Para enfatizar el eje de la entrada principal, Sacchetti hizo más anchos los arcos centrales de los lados sur y norte, a costa de estrechar los colaterales, donde están las cuatro estatuas de los emperadores romanos que Carlos III mandó quitar de debajo del balcón

Real Capilla: La Coronación de la Virgen y otras pinturas al fresco de tema sagrado. *Corrado Giaquinto.*

"La Capilla Real es una joya en cuanto a la decoración, rica por sus mármoles y por la pintura al fresco [...] El efecto del conjunto es suntuoso [...] los visitantes pueden entrar los domingos mediante papeleta [...] Encontramos a las doce la parte de la Capilla reservada a los extranjeros atiborrada de público siendo nosotros los únicos ingleses. La escalera principal estaba abierta, y la galería por donde habían de venir las personas reales desde los salones oficiales estaba alfombrada [...] La guardia paseaba arriba y abajo con un aire de lo más solemne, mientras que dos suizos o celadores flanqueaban la puerta con aire de pavo. La Capilla estaba también alfombrada, pero de modo mucho más respetable, y un dosel realmente suntuoso, cubierto con tejido de oro, estaba preparado para la Reina y el Rey consorte, con las armas reales bordadas en brillantes colores, dos tronos, dos almohadones y dos reclinatorios..." Mrs. William PITT BYRNE: *Cosas de España. Illustrative of Spain and the Spaniards as they are*. Londres, 1866.

"Como el Rey estaba en Palacio no pudimos ver los salones, sino que tuvimos que conformarnos con ver la Capilla privada de Su Majestad, donde se estaba celebrando una ceremonia religiosa. El órgano es muy superior al nivel medio de estos instrumentos en España, y de vez en cuando dejaba escapar unos sonidos muy sorprendentes". Zouch Horace TURTON: *To the desert and back; or, Travels in Spain, the Barbary States, Italy, etcétera, in 1875-1876*. Londres, 1876.

grande de la fachada; Sabatini las colocó aquí en 1791.

En las grandes solemnidades se alfombraba la galería y se revestían sus paramentos con tapices de la Colección Real, de modo que el acceso a la Capilla resultaba más impresionante.

Real Capilla

Sendas esculturas de los Reyes Católicos, por José Vilches, flanquean la puerta de la Real Capilla. En 1742, a causa de las críticas de Scotti, se decidió no situar la Capilla donde estaba previsto en un principio, es decir, donde hoy se halla el Salón de Alabarderos, sino hacerlo en su actual emplazamiento suprimiendo varios cuartos de Infantes. Tras plantear diversas variantes, y tendiendo siempre a darle mayor tamaño, en 1748 Sacchetti llegó a formular su proyecto definitivo, conforme al cual se edificó tal y como está ahora. No obstante, la decoración nunca llegó a quedar terminada según las ideas del arquitecto, que había proyectado hacer tanto el pavimento como el revestimiento de todos los muros con mármoles, y de bronce los capiteles y basas de columnas y pilastras. Tampoco los retablos, ni la forma del cancel –que es la tribuna acristalada a los pies del templo, destinada a los Reyes– ni la del coro responden a la propuesta final de Sacchetti: Carlos III ordenó terminarlo todo en estuco "provisionalmente" como hoy se ve, porque pensaba ampliar la Capilla añadiendo un saliente hacia el Norte, y en ese sentido Sabatini hizo dos proyectos; no llevados a cabo.

Real Capilla. Dosel o solio.

Real Capilla. Altar de la Anunciación. *Antón Rafael Mengs.*

La ornamentación ideada por Sacchetti, con la colaboración de Ventura Rodríguez y de Corrado Giaquinto, si se hubiera concluído, hubiera sido de una magnificencia difícil de parangonar. De ella quedó hecho todo el ornato de las bóvedas y las diez grandes columnas de mármol negro de Mañaria (País Vasco), de una sola pieza.

De cornisa arriba, todo es de Giaquinto: suyos son los diseños de los estucos, realizados por Andrioli, y suyos los grandiosos frescos que representan *Santiago en Clavijo* sobre la entrada, *La Gloria, con la Santísima Trinidad coronando a la Virgen* en la cúpula, y en sus

"Todo en el Palacio Real de Madrid es grandioso, si no estrictamente bello... la secuencia algo excesivamente suntuosa de salones de aparato; todo a gran escala y con todo el carácter de una gran residencia imperial". Antonio C. N. GALLENGA: *Iberian reminiscences. Fifteen years' travelling impressions of Spain and Portugal*. Londres, 1883.

pechinas los *santos Isidoro, Hermenegildo, Isidro Labrador y María de la Cabeza, La Trinidad* en la tribuna que está detrás del altar –porque éste se pensó en colocarlo más atrás– y, en el coro *Alegoría de la Religión*. Los angelotes son de Felipe de Castro, salvo los que flanquean el símbolo eucarístico que son de Olivieri.

En comparación con el suntuoso conjunto de las bóvedas es muy modesto el cuadro del altar mayor, *San Miguel* por Ramón Bayeu siguiendo un original de Giordano y un dibujo de su maestro Mengs, a quien se debe la *Anunciación*, que es su última obra, inacabada a su muerte en Roma en 1779. La arquitectura de ambos retablos es de Sabatini, salvo la mesa de este último, que se debe a Isidro Velázquez, y donde están las reliquias del mártir romano San Félix. Las esculturas de los *Sagrados Corazones* son de Juan Samsó, y las de los *Cuatro Evangelistas* en la antecapilla de José Ginés.

Además del culto diario oficiado por un nutrido cabildo de capellanes, a cuya cabeza estaba el cardenal Patriarca de las Indias, limosnero y procapellán mayor de Su Majestad, las ceremonias solemnes desplegaban una gran pompa. Ordinariamente el Rey, como las demás personas reales, seguía el rito desde el cancel o tribuna acristalada a los pies del templo a los que llegaba por el interior de las habitaciones reales, pero en las festividades solemnes salía en procesión por la galería del patio engalanada con tapices; al llegar a la Capilla hacía una reverencia ante el altar, y otra a la Reina que estaba en el cancel, y ocupaba su sitial en la cortina, o dosel. Toda la Corte tenía su lugar asignado: inmediatos al Rey, el Mayordomo Mayor y el Capitán de Guardias de Corps. A continuación los Grandes de cara a la puerta, etc. Al público sólo le estaba permitido ocupar el tramo de la entrada, o antecapilla.

Fernando VI quiso una Capilla suntuosa, ya que no muy grande, y se esforzó en que ésta lo fuese en todos sus detalles, incluyendo las vestiduras litúrgicas –muy numerosas, pero destaca el *pontifical* que lleva su nombre–, los libros de coro y el órgano, pues la música era muy importante para aquel Monarca, como lo había sido para su padre, y la Real Capilla contaba con un conjunto numeroso y escogido de instrumentistas y voces. El órgano, cuya caja fue diseñada por Ventura Rodríguez, lo comenzó Leonardo Fernández Dávila y lo concluyó el mallorquín Jorge Bosch. Es único en España, no sólo por su calidad intrínseca, sino porque se libró de reformas decimonónicas. Acaba de ser objeto de una escrupulosa restauración.

Terraza al Patio principal.

Sala de guardias y trascuarto de la Reina María Luisa

Sala de guardias de la Reina María Luisa

Esta sala servía de acceso al cuarto que María Luisa de Parma habitó desde 1765 hasta 1808, primero como princesa de Asturias y luego,

Real Capilla. Altar mayor y dosel real.

desde 1788, como reina (ver página 69). Ahora está decorada con piezas del reinado de Fernando VII, entre las que destacan el espléndido centro de mesa o *dessert* neoclásico, en mármoles y bronces, y la mesa redonda con templete, obra francesa en bronce dorado y pavonado, malaquita y granito, con esculturas de *Apolo y las nueve Musas*. Los retratos de *Luis Felipe de Orleans, rey de Francia* y de su mujer *María Amalia de las Dos Sicilias*, regalados a Isabel II, se deben a F. X. Winterhalter, y el de *Francisco I de las Dos Sicilias* a Vicente López.

Diseño para la Sala de billar. José Segundo de Lema. A.G.P.

Sala de billar.

Magnificencia.
"La primera vista del exterior produce una idea de magnificencia. El interior del edificio compensa sus defectos exteriores, pues no lo supera ningún palacio europeo en esplendor ni en elegancia... Los (aposentos) de la reina (María Luisa), que fueron los siguientes que visitamos, son mucho más grandes, extendiéndose a lo largo de toda la fachada del Palacio, y formando una fila de modo que cuando todas las puertas están abiertas de par en par el ojo queda absorto por la espléndida elegancia de una larga serie de salones magníficos. [...] En suma, todo es tan fastuoso como para hacer olvidar cualquier idea de comodidad: la vista queda abrumada y la mente atónita de admiración, pero ninguna de las dos goza con agrado. ¡Por lo que a mí toca, consideré lo desdichado que sería si me obligasen a habitar tan soberbios cuartos! Porque la grandeza acompañada de ceremonias y formalismos debe ser lo único que ha habido aquí, puesto que nadie ha entrado en estas salas sino con traje de Corte, y con el sentimiento de su propia inferioridad".
Andrew Thomas, lord BLAYNEY: *Narrative of a forced Journey through Spain and France as a Prisoner of war in the years 1810 to 1814.*

Los otros tres cuadros son piezas de otras épocas anteriores, fechados en 1693, son la pareja de *Milagros de San Eloy* del pintor madrileño Isidoro Arredondo, que, a través de la colección del marqués de Salamanca, proceden de la antigua parroquia de San Salvador en la plaza de la Villa de esta capital. Posterior, ya de 1886, es el *Alfonso XII,* por Federico de Madrazo, que por tanto se trata –como el pintado poco antes por Casado del Alisal–, de un retrato oficial póstumo, lo que explica en parte el color azul borbónico de los ojos.

Sala de billar de Alfonso XII

Volviendo a salir a la galería principal se accede desde ésta a la primera de las habitaciones del trascuarto de María Luisa de Parma. Se llamaban así en Palacio a las piezas de los cuartos reales que no daban a las fachadas, sino que eran interiores o recibían luz del patio, y se reservaban para el descanso y la intimidad al margen de la mecánica

Sala de fumar o japonesa. Detalle.

de la vida de Corte. La bóveda de esta Sala está pintada al fresco por Mariano Salvador Maella en 1769, con una escena mitológica, *Juno ordenando a Eolo que suelte los vientos contra Eneas.* Es sin duda lo mejor que en este género hizo este pintor entonces joven y que luego se prodigó en exceso, pero está oculta por el artesonado de madera que J. S. de Lema diseñó cuando en 1879 Alfonso XII le encargó hacer aquí una Sala de billar: siguiendo ejemplos victorianos ingleses y la derivación racionalista que Viollet-le-Duc hizo de motivos góticos, Lema realizó una obra característica de su estilo y del gusto de aquellos años, muy coherente y nada desprovista de encanto, terminada en 1881 y restaurada en 1993. El ensamblaje y la talla del empanelado en nogal se deben a Antonio Girón, al igual que el resto del mobiliario, salvo la mesa, que es parisina. A esta reforma se debe la puerta por la que se accede, que antes era una ventana.

Diseño para la Sala de billar. José Segundo de Lema. A.G.P.

Sala de fumar de Alfonso XII

Junto a la de billar el mismo Monarca quiso una habitación para fumar decorada en estilo "chino". Lema revistió las paredes con placas

Detalle del Gabinete de escayola.

Gabinete de escayola.

de porcelana encargadas a la fábrica de Boulanger, en Choisy-le-Roi (París) y con telas de seda bordadas, tal y como las vemos hoy tras la restauración de que han sido objeto en 1993, pues el conjunto había sido desmontado después de 1939 por haber quedado dañado en los bombardeos de la Guerra Civil. Sin embargo se ha decidido no reponer el techo, que estaba también adornado de la misma manera,

para dejar a la vista el ornato de estuco dieciochesco y la pintura al temple de Joaquin Espalter, fechada en 1857.

Gabinete de maderas finas de la reina María Luisa.

Gabinete de escayola de la reina María Luisa

Pese a sus reducidas dimensiones, este Gabinete neoclásico es una de las habitaciones más fascinantes del Palacio. Fue diseñado por Francisco Sabatini y realizado por los estuquistas hermanos Brilli en 1791, que se inspiraron en el repertorio arqueológico pompeyano entonces de moda.

Gabinete de maderas finas de la Reina María Luisa

En manifiesto contraste con la habitación anterior, este Gabinete de gusto Rococó, y sus muebles –escritorio, dos cómodas, sillón y dos sitiales– se deben al equipo de ebanistas y broncistas que dirigía Gasparini; parece que se trata de uno de los gabinetes de Carlos III, desmontado de su localización original y adaptado aquí en tiempo de Carlos IV: aunque el gusto era ya muy anticuado, la suntuosidad de la obra era digna de la Reina; el diseño del pavimento y de los estucos del techo se debe a J. B. Ferroni.

Tablero de mosaico florentino en las habitaciones que fueron de la reina María Luisa.

Friso del Gabinete de maderas finas de la reina María Luisa. Detalle.

"Es desde luego bien noble por lo que se refiere a su arquitectura y decoración. He oído decir a quienes han visitado las principales capitales de Europa que no han visto nada superior y que, aunque Versalles lo supere en los detalles, como conjunto el de Madrid siempre alegará la preeminencia". Alexander Slidell MACKENZIE: *A year in Spain, by a young American*. Londres, 1831.

La salas que no se visitan y la Real Biblioteca

Habitaciones de la Reina María Luisa y de Carlos IV

A estos trascuartos corresponde el Cuarto de la Reina cuyos balcones dan a la Plaza de Oriente. A continuación, las habitaciones de Carlos IV daban también a esta Plaza y a la de Armas. De todos esos salones, que no están abiertos a la visita pública, por el frecuente uso que de ellos hace Su Majestad el Rey para sus audiencias militares y civiles y otros actos oficiales cabe destacar: la *Saleta de doña María Cristina,* con mobiliario Carlos IV; el *Comedor de Diario,* con decoración arquitectónica por Sabatini; el *Tocador de la reina María Luisa,* llamado Salón de Espejos, primorosa obra del mismo arquitecto y de los mismos estuquistas que el pequeño Gabinete de escayola; el *Salón de Tapices,* así llamado por los de la Historia de José, David y Salomón que lo decoran; el de *Armas,* con tapices del siglo XVI; la *Cámara,* con grandes consolas de Carlos III. Las bóvedas de todos estos salones están pintadas al fresco por F. Bayeu y M.S. Maella, la de la *Antecámara* por Gian Domenico Tiépolo, y la de la *Saleta* por Gian Battista Tiépolo.

Espejo con la efigie de Carlos III, realizado en la Real Fábrica de Cristales de San Ildefonso hacia 1775, según un retrato, por Antón Rafael Mengs. Real Biblioteca.

De cómo el Palacio, sin crecer, se hace grande. "Cuando reinaban los Borbones todo el Palacio Real estaba ocupado: el Rey habitaba la parte de la izquierda, hacia la Plaza de Oriente doña Isabel II la parte que mira de un lado a la Plaza de Oriente y de otro a la de la Armería; Montpensier la parte opuesta a la de la Reina; los Príncipes tenían cada uno un aposento hacia los jardines del Campo del Moro. *[Era a la inversa: el Rey consorte en las habitaciones de Carlos III y en las de la fachada de Poniente, donde está ahora el Comedor de Gala; y las Infantas, en las de Oriente. El ala de las habitaciones privadas de Isabel II fue también la ocupada luego por Alfonso XIII].*
Durante el tiempo que estuvo allí el rey Amadeo, una gran parte del edificio permaneció vacía. Tenía solamente tres pequeñas habitaciones: un saloncito de estudio, una alcoba y el tocador. La alcoba daba a un largo pasillo por donde se iba a las habitaciones de los Príncipes, junto a las cuales estaba el aposento de la Reina, que no quería separarse nunca de sus hijos. Había además un salón destinado a recepciones. Toda esta parte que servía para la Familia Real entera ocupábala antes la reina Isabel sola. Cuando supo que don Amadeo y doña Victoria se habían contentado con tan pequeño espacio, cuéntase que exclamó asombrada: ¡pobres jóvenes, no podrán moverse!". Edmondo de AMICIS: *España. Viaje durante el reinado de D. Amadeo I.* Florencia, 1872.

Antigua Biblioteca de Carlos IV, luego habitaciones privadas de los Reyes en los siglos XIX y XX

Por las mismas razones tampoco se visitan las salas que alberga el "Ala de San Gil" –entre la Plaza de Armas y la calle de Bailén–, a las que se entra por la Cámara de Carlos IV y donde este Monarca tuvo su Biblioteca, e Isabel II, y luego sus sucesores, sus habitaciones privadas. Sus techos forman un conjunto muy unitario de estucos y pinturas realizados entre 1784 y 1787, aquellos según los diseños de Sabatini y éstas por Bayeu y Maella. La decoración y el mobiliario corresponde al último periodo en que estas salas estuvieron habitadas, el Reinado de Alfonso XIII, pero integra muy

Salón de Espejos, que fue Tocador de la reina María Luisa de Parma. Estucos decorativos. José y Domingo Brilli, bajo la dirección de Francisco Sabatini.

interesantes piezas anteriores. Destacan muebles franceses y españoles del siglo XVIII, un gabinete de maderas finas de Gasparini y arañas fernandinas.

Zaguán principal, con la estatua de Carlos III *frente a la escalera. Pedro Michel.*

La Real Biblioteca

La Real Biblioteca particular o de Cámara de Su Majestad, como se la denominaba en el siglo XVIII, no está incluida en el recorrido turístico. Desde que María Cristina de Borbón mandó sacarla de la planta principal para ocupar su espacio como habitaciones privadas, está en la planta baja; sus salas, con estanterías de la época de Isabel II y Alfonso XII, tienen mucho carácter, y son muy importantes los fondos de manuscritos y de impresos antiguos, además de la riqueza de los códices miniados y de las encuadernaciones que conserva. Ofrece a los investigadores un excelente lugar para su trabajo, por las mañanas.

Zaguán principal. Detalle.

La planta baja

Del zaguán principal, donde está la tienda de regalos, se sale al zaguanete de Carlos III: la puerta grande que está enfrente es la de las habitaciones que desde 1924 se llaman "de Génova". Durante el

Rodela de La Medusa. *Real Armería.*

"Las colinas lejanas al otro lado del río tienen un aspecto salvaje, inculto y grandioso, y a lo lejos la bella silueta del Guadarrama, cubierto de nieve, es una vista que desde luego no disfruta ningún otro Palacio Real en cualquier otra capital, y por fortuna no está echada a perder con suburbios agobiantes y espantosos". G. A. HOSKINS: *Spain, as it is*. Londres, 1851.

Antiguo Régimen ahí estaba el Ministerio de Estado; a continuación se hallaban los de Guerra y Marina, siguiendo la galería del patio principal, al fondo de la cual estaba el de Gracia y Justicia –donde ahora se halla la Biblioteca–; el de Indias, al extremo de la otra galería paralela a ésta, que arranca del zaguanete de Mayordomía Mayor, que es el que está al lado opuesto del principal. Por último, al de Hacienda se entraba por el actual acceso a las oficinas del Patrimonio por la Plaza de Armas. De modo que en este piso cabía lo más esencial de la administración de la vasta Monarquía española en el momento de su máxima extensión territorial.

Saliendo a la Plaza de Armas y tomando la galería de arcos que pasa ante la puerta del *Archivo General de Palacio,* –el más importante de Madrid tras el Histórico Nacional– y que se abre sobre el paisaje extendido hasta la Sierra, se llega a la Real Armería.

Armadura ecuestre de Carlos V. Real Armería.

Real armeria

Es la más importante de Europa junto con la Imperial de Viena, tanto por el mérito de sus piezas como por la historia que otorga sentido a tal Colección de Armas, fundamentalmente de gala. Felipe II ordenó trasladarla aquí y colocarla en el edificio que llevaba este nombre y se alzaba donde está ahora la verja de cerramiento.

Fachada principal de Palacio. Eje con una de las puertas que entran a los zaguanes pequeños.

"Me pareció un edificio mucho más hermoso que las Tullerías. Se le ve siempre con renovado placer, porque deja en la mente una impresión de gracia combinada con la fuerza, que son los atributos esenciales de la belleza".
Michael Joseph QUINN: *A visit to Spain...in the latter part of 1822 and the first months of 1823.*

Real Farmacia. Herbario barroco.

El pabellón actual, que alberga una gran sala, se debe a los arquitectos J. S. de Lema y E. Repullés, y fue inaugurado en 1897. La Colección permanece abierta al público desde hace más de cuatro siglos. La existencia de una guía específica sobre este tesoro nos exime de ofrecer más información sobre el mismo.

Palacio desde la Plaza de Oriente. Estatua ecuestre de Felipe IV. *Pietro Tacca.*

El Palacio como laberinto.
"Tiene tres pisos subterráneos, y cinco sobre el nivel de la entrada. Los cuartos, o almacenes, del sótano inferior... dicen que servirán de despensas, que el sótano superior albergará las cocinas, y que sobre ellas se alojarán todos los dependientes de éstas.
Estos tres pisos se han dispuesto tan bien que ni siquiera el más bajo carece totalmente de luz... Si los cuartos subterráneos son grandes, puede imaginarse que los situados encima no han de ser medianos. Los de la planta baja ya están habitados por algunos de los principales jefes de Palacio. El Cuarto del Rey está encima de ese piso... y el cuarto y el quinto estarán ocupados por sus servidumbres".
Joseph BARETTI: *Journey from London to Genoa, through England, Portugal Spain and France* (en 1760). Londres, 1770.

Real Farmacia. Pieza del Botamen.

Real farmacia

El pabellón al otro lado de la Plaza de Armas alberga la Real Oficina de Farmacia, que suministraba los medicamentos para la Real Familia y todos los empleados y dependientes de la Real Casa. En la entrada y en el pasillo hay varias orzas o vasijas grandes de loza de Talavera, del siglo XVIII. En la primera sala a la derecha se ha instalado el botamen y estantería procedente de la farmacia del antiguo Hospital General de Madrid, de fines del mismo siglo. A continuación, se encuentra la

Palacio desde la calle de Bailén con los Jardines de Sabatini.

segunda sala, con botamen de la Real Farmacia del siglo XVIII; la tercera, con botamen de porcelana decimonónico; y la cuarta, con tarros de cristal de La Granja, también del XIX. La última sala muestra un intento de reconstrucción de una antigua "oficina" farmacéutica.

EN TORNO AL PALACIO

El exterior del Palacio Real. La Plaza de Oriente. Los Jardines de Sabatini. Los Jardines del Parque o "Campo del Moro"

La Plaza de la Armería, que se encaja entre la verja y la Catedral Nueva, es estrecha y no ofrece por tanto una perspectiva del Palacio Real tan alejada e imponente como hubiera sucedido si bajo Alfonso XII no hubiese triunfado la idea de hacer en este solar, destinado a

anteplaza de armas desde Sachetti, el Templo de la Almudena, terminado en 1992.

Para disfrutar del admirable aspecto que ofrece el Palacio desde lejos hay que ir, por tanto, a la Plaza de Oriente, espacio creado bajo José Napoleón con la demolición de varios edificios de la Real Casa, y urbanizado definitivamente y ajardinado bajo Isabel II, cuando se puso en su centro el monumento con la magnífica *Estatua ecuestre de Felipe IV,* obra del florentino Pietro Tacca, frente a la puerta del Príncipe de Palacio.

Desde la calle de Bailén, una escalinata desciende hasta los *Jardines,* creados durante la Segunda República sobre el solar de las *Caballerizas Reales* que, por orden de Carlos III, levantó en este lugar su arquitecto *Sabatini,* cuyo nombre llevan. La fachada norte del Palacio despliega aqui toda su altura de plantas y la cúpula de la Real Capilla.

Desde estos Jardines, una rampa baja al paseo de San Vicente y, bordeando la verja hasta el de la Virgen del Puerto, se llega a la entrada al Parque de Palacio, llamado popularmente Campo del Moro. Este Jardín histórico, cuya creación se debe a Felipe II, es muy agradable, aunque lo que hay sea menos interesante que lo que no se llegó a hacer, pues en el siglo XVIII se plantearon varios proyectos entre los que destacan los de Sacchetti, el de Ventura Rodríguez, y los que en 1747 se encargaron a Esteban Boutelou –jardinero mayor en Aranjuez– y Garnier de l'Isle –superintendente de Versalles–; pero ninguno llegó a realizarse, como tampoco el de Sabatini (1767), sino que hubo que esperar al Reinado de Isabel II, cuando se acometió el de Narciso Pascual y Colomer (1844), del que subsiste el trazado de las principales avenidas rectilíneas, y las dos fuentes que se alinean en el eje central: la de las *Conchas,* obra de Felipe de Castro y Manuel Álvarez (1775), procedente del palacio del infante don Luis en Boadilla del Monte, y la de los *Tritones,* obra italiana del siglo XVI, procedente del jardín de la Isleta en Aranjuez, y colocada ante la "gruta grande" o invernadero. Por último, durante la regencia de María Cristina de Habsburgo, se reformó completamente el Parque según el diseño seudopaisajista de Ramón Oliva (1890).

La magnífica vista que ofrece el edificio de Sacchetti desde la avenida central del Jardín nos invita a buscar su aspecto más espectacular desde un punto más alejado: desde las antiguas posesiones reales de la Casa de Campo o de la Montaña del Príncipe Pío; es, en efecto, desde esta perspectiva como se llega a comprender este Palacio Real.

Palacio desde el Parque o Campo del Moro, con la fuente de las Conchas.

Palacio en el paisaje de Madrid.
"Visto desde la antigua carretera de Castilla, desde las orillas del Manzanares, desde la Estación del Norte o desde la Montaña del Príncipe Pío, este Palacio tiene un aspecto imponente, elevado sobre los grandes muros de contención y contrafuertes, las terrazas y los jardines en cuesta que forman un magnífico pedestal, y con su masa blanca recortándose sobre este hermoso cielo del modo más pintoresco..." A. GERMOND DE LAVIGNE: *Itineraire descriptif, historique et littéraire de Madrid...* París, 1859.

"El Palacio Real, de una arquitectura rica y severa a la vez, vuelve dos de sus cuatro caras hacia la campiña, de modo que es necesario bajar con muy poca comodidad hasta el fondo de una especie de abismo para poder contemplar la más notable de las fachadas si es que uno pretende darse cuenta de su posición; la principal está frente a una gran plaza donde no desemboca ninguna vía importante; el cuarto y último de sus costados es el único que se puede ver desde la Plaza de Oriente, y aún allí la perspectiva deja de disfrutarse en cuanto uno se mete en una de las calles inmediatas". Marie Studolmine RATAZZI: *L'Espagne moderne*. París, 1879.

"El Palacio de Madrid es un edificio espléndido [...] La fachada oriental es muy bella e imponente, y el lado oeste es también magnífico. Una rampa noble y muy grande, que me recordó a la de la subida del Monte Pincio en Roma lleva hasta una noble terraza ante el Palacio".
G. A. HOSKINS: *Spain, as it is.* Londres, 1851.

BIBLIOGRAFÍA

Alcázar de Madrid

ORSO, Steven N.: *In the presence of the Planet King: Philip IV and the decoration of the Alcázar of Madrid.* Princeton University Press 1986 (revisión de tesis doctoral, 1978).

GERARD, Véronique: *De castillo a Palacio. El Alcázar de Madrid en el siglo XVI.* Madrid, Xarait, 1984 (recoge la bibliografía anterior).

BARBEITO, José: *El Alcázar de Madrid.* Tesis doctoral defendida en la Escuela de Arquitectura, Universidad Politécnica de Madrid, 1988. Publicado por el C.O.A.M., Madrid 1992.

AA. VV.: *El Real Alcázar de Madrid.* Catálogo de la exposición, a cargo de Fernando Checa Cremades. Comunidad de Madrid, 1994.

Guías

NIÑO MAS, Felipe, y JUNQUERA DE VEGA, Paulina: *Guía ilustrada del Palacio Real de Madrid*, Patrimonio Nacional. Madrid, 1956, 3ª ed. De esta guía existen ediciones corregidas y aumentadas en 1966, por M. López Serrano, y en 1985, por F. Fernández Miranda y Lozana.

General

ÁGUEDA VILLAR, Mercedes: *Antonio Rafael Mengs 1728-1799.* Catálogo de la exposición, Museo del Prado, Madrid, 1980.

ANDRADA, Ramón: "Las estatuas del Palacio de Oriente vuelven a su sitio", *R.S.*, 1972, 9, Nº 31, pp. 49-56.

ANDRADA, Ramón: "Obras de reconstrucción en el Palacio de Oriente", *R.S.*, 1965, 2, Nº 3, pp. 70-75.

Apollo, LXXXVI, Nº 75, Londres, mayo 1968: monográfico sobre el Palacio Real de Madrid.

BARRENO SEVILLANO, Mª Luisa: "Pontifical bordado. Capilla del Palacio Real de Madrid", *R.S.*, 1978, 15, Nº 56, pp. 17-28.

BARRENO SEVILLANO, Mª Luisa: "Salón de Gasparini o pieza de la parada", *R.S.*, 1975, 12, Nº43, pp.61-72.

BENITO GARCIA, Pilar: "Los textiles y el mobiliario del Palacio Real de Madrid", *R.S.*, 1991, 28, Nº 109, pp. 45-60.

BOTTINEAU, Yves: *L'Art de Cour dans l'Espagne de Philippe V*, Burdeos 1962. Ed. esp., *El arte cortesano en la España de Felipe V (1700-1746)*, Madrid, F.U.E., 1986. Nueva edición francesa corregida y aumentada, Société des amis du Musée de Sceaux, Paris 1992.

BOTTINEAU, Yves: *L'Art de Cour dans l'Espagne des Lumières*, Paris, De Boccard, 1986.

CABEZA GIL-CASARES, Carmen: "Bordados del salón de Gasparini", *R.S.*, 1992, 29, Nº 114, pp.12-28.

CABEZA GIL-CASARES, Carmen, y SANCHO, José Luis: "La restauración de las salas de billar y de fumar en el P.R.M., la recuperación de un conjunto alfonsino", *R.S.*, Nº 118 (1993).

CHECA CREMADES, Fernando: "Los frescos del Palacio Real Nuevo de Madrid y el fin del lenguaje alegórico", *Archivo Español de Arte,* LXV, 258 (1992), pp.157-178, con bibliografía completa y puesta al día.

COLÓN DE CARVAJAL, José Ramón: *Catálogo de Relojes del Patrimonio Nacional.* Patrimonio Nacional, Madrid 1987.

CUMBERLAND, R.: *An accurate and descriptive Catalogue of the several paintings in the King of Spain's Palace at Madrid*, Londres, 1787.

DURÁN SALGADO, Miguel: *Exposición de proyectos no realizados relativos al Palacio de Oriente y sus jardines*. Madrid, 1935.

ECHALECU, J. Mª: "Los talleres reales de ebanistería, bronces y bordados", *Archivo Español de Arte*. 1955, Vol. XXVIII, pp. 237-259.

ESPOZ Y MINA, Condesa de (Juana Vega de Mina): *Apuntes para la historia del tiempo en que ocupó los destinos de aya de S.M. y A. y camarera mayor de Palacio su autora*. Madrid 1910.

FABRE, Francisco José: *Descripción de las Alegorías pintadas en las bóvedas del Real Palacio de Madrid, hecha de orden de S. M. por...*, Madrid, Aguado, 1829.

FEDUCHI, Luis M.: *Colecciones reales de España: el mueble*. Patrimonio Nacional, Madrid 1965.

FEDUCHI, Luis M.: *El mueble en España. Volúmenes I y II: El Palacio Nacional*. Madrid, Afrodisio Aguado, 1949.

GARCÍA MERCADAL, J.: *Viajes de extranjeros por España y Portugal*. Recopilación, traducción, prólogo y notas por Ed. Aguilar, Madrid, 1962.

GÓMEZ MOLINERO, Encarnación, y SÁNCHEZ HERNÁNDEZ, Leticia: "El botamen de cristal de la Real Farmacia. Nuevos datos para su estudio", *R.S.*, 1987, 24, Nº 93, pp. 33-36.

GÓMEZ DE LAS HERAS: *El Palacio Real de Madrid*, Madrid 1935.

GRITELLA, Gianfranco: *Juvarra. L'Architettura*. Modena, 1992, Vol. II, ficha 124.

IGLESIAS, Helena (dir.): *El Palacio Real de Madrid: un recorrido a través de su arquitectura*. Dibujos de los alumnos de la II Cátedra de Análisis de Formas Arquitectónicas de la ETSAM. Patrimonio Nacional, 1990.

JUNQUERA, Juan José: *La decoración y el mobiliario en los palacios de Carlos IV*. Madrid, 1979.

JUNQUERA, Paulina: "Los libros de coro de la Real Capilla", *R.S.*, 1965, 2, Nº 6, pp. 12-27.

JUNQUERA, Paulina: "Muebles franceses con porcelanas en el Palacio de Oriente", *R.S.*, 1966, 3, Nº 8, pp. 28-37.

JUNQUERA DE VEGA, Paulina, y HERRERO CARRETERO, Concha: *Catálogo de tapices del Patrimonio Nacional*. Vol. 1: siglo XVI. Patrimonio Nacional, Madrid 1986.

JUNQUERA DE VEGA, Paulina, y DÍAZ GALLEGOS, Carmen: *Catálogo de tapices del Patrimonio Nacional*. Vol. II: siglo XVII. Patrimonio Nacional, Madrid 1986.

LÓPEZ SERRANO, Matilde (ed.): *El palacio Real de Madrid*, Patrimonio Nacional, Madrid, 1975.

MARTÍN, Fernando A.: *Catálogo de la plata del Patrimonio Nacional*. Patrimonio Nacional, Madrid 1987.

MORALES Y MARÍN, José Luis: *Mariano Salvador Maella*, Madrid 1992.

MORALES Y MARÍN, José Luis: *Vicente López (1772-1850)*, Catálogo de la exposición. Madrid, 1990.

MORALES Y MARÍN José Luis: *Los Bayeu*, Zaragoza, 1979.

MORÁN TURINA, Juan Miguel: *La imagen del Rey. Felipe V y el arte*, Madrid, 1990.

PÉREZ VILLAAMIL, M.: *Artes e industrias del Buen Retiro*. Madrid, 1904.

PÉREZ GALDOS, Benito: *La de Bringas*. Madrid, 1884. Ed. Hernándo, Madrid.

PLAZA SANTIAGO, Francisco Javier de la: *Investigaciones sobre el Palacio Real Nuevo de Madrid*, Valladolid 1975. Constituye por el momento la bibliografía fundamental. Recoge toda la bibliografía anterior.

PONZ, Antonio: *Viaje de España*, XVIII volumes, Madrid, 1769-1793, tomo sexto. Tercera impresión, Madrid, Ibarra 1793.

REYERO, Carlos: "Isabel II y la pintura de historia", *R.S.*, 1991, 28, Nº 107, pp. 28-36.

RUIZ ALCÓN, Mª Teresa: "Habitaciones y objetos personales del rey don Alfonso XIII en el museo del Palacio Real de Madrid", *R.S.*, 1980, 17, Nº 63, pp. 17-28.

SÁNCHEZ HERNÁNDEZ, Leticia: "La vajilla de paisajes del Patrimonio Nacional conservada en el Palacio Real de Madrid", *R.S.*, 1985, 22, Nº 83, pp. 37-52.

SÁNCHEZ HERNÁNDEZ, Mª Leticia: *Catálogo de porcelana y cerámica española del Patrimonio Nacional en los Palacios Reales*. Patrimonio Nacional, Madrid 1989.

SANCHO, José Luis: "Sacchetti y los salones del Palacio Real de Madrid", *R.S.*, 1988, 25, Nº 96, pp. 37-44.

SANCHO, José Luis: "Proyectos del siglo XVIII para los jardines del Palacio de Madrid: Esteban Boutelou y Garnier de l'Isle, *Anales del Instituto de Estudios Madrileños*, Vol. XXV (1988), pp. 403-433.

SANCHO, José Luis: "El Palacio Real de Madrid. Alternativas y críticas a un proyecto". *R.S.*, Nº extraordinario (1989), pp. 167-180.

SANCHO, José Luis: "El piso principal del Palacio Real", *R.S.*, Nº 109 (1991).

SANCHO, José Luis: "Fernando Fuga, Nicola Salvi y Luigi Vanvitelli; el Palacio Real de Madrid y sus escaleras principales", en *Storia dell'Arte*, Roma, Nº 72 (1991), pp. 199-252.

SANCHO, José Luis: "Las críticas en España y desde Italia al Palacio Real de Madrid", *Archivo Español del Arte*, Nº 254 (1991), pp. 201-254.

SANCHO, José Luis: "Espacios para la Majestad en el siglo XVIII: la distribución de las habitaciones reales en el Palacio Nuevo de Madrid". *Anales del Instituto de Estudios Madrileños*, Vol. XXXI, Madrid 1992, pp. 19-40.

SANCHO, José Luis: "Francisco Sabatini, primer arquitecto, director de la decoración interior de los palacios reales", artículo en pp. 143-166; y fichas sobre la decoración interior pp. 227-236, pp. 236-240, pp. 241-244; todo ello en AA.VV.: *Francisco Sabatini, la arquitectura como metáfora del poder*, Catálogo de la exposición, Madrid 1993.

SANCHO, José Luis: *La arquitectura de los Sitios Reales. Catálogo histórico de los Palacios, jardines y Patronatos Reales del Patrimonio Nacional*. Patrimonio Nacional-Fundación Tabacalera, Madrid 1995. Con completa bibliografía y planimetría.

TARRAGA BALDO, Mª Luisa: *G. D.Olivieri y el taller de escultura del Palacio Real*. Patrimonio Nacional, C.S.I.C. y el Istituto Italiano de Cultura, Madrid, 1992.

TORMO 1927: TORMO, Elías: *Las iglesias del antiguo Madrid*. Madrid,1927. Reeditado por el Instituto de España. Madrid 1972.

TURMO, Isabel: *Museo de carruajes*. Patrimonio Nacional, 1969.

R.S.: *Reales Sitios*, revista del Patrimonio Nacional.